农地流转中农户、村委会、政府行为的理论分析与实证研究

宋 辉/著

九州出版社
JIUZHOUPRESS

图书在版编目（CIP）数据

农地流转中农户、村委会、政府行为的理论分析与实证研究 / 宋辉著 . -- 北京：九州出版社，2019.1

ISBN 978-7-5108-7897-8

Ⅰ. ①农… Ⅱ. ①宋… Ⅲ. ①农业用地－土地流转－行为分析－中国 Ⅳ. ① F321.1

中国版本图书馆 CIP 数据核字（2019）第 024267 号

农地流转中农户、村委会、政府行为的理论分析与实证研究

作 者	宋 辉 著
出版发行	九州出版社
地 址	北京市西城区阜外大街甲 35 号（100037）
发行电话	(010)68992190/3/5/6
网 址	www.jiuzhoupress.com
电子信箱	jiuzhou@jiuzhoupress.com
印 刷	廊坊市海涛印刷有限公司
开 本	710 毫米 ×1000 毫米 16 开
印 张	13
字 数	232 千字
版 次	2019 年 2 月第 1 版
印 次	2019 年 2 月第 1 次印刷
书 号	ISBN 978-7-5108-7897-8
定 价	38.00 元

前　言

　　农村土地流转是统筹城乡用地需求，满足城市化、工业化发展的必要条件，是实现农民由土地实物保障向价值保障的转换，加强农民利益保护和农村社会稳定的时代前提。我国的农地流转，虽已进入法律规范阶段，但实践中仍存在着不少问题。现实中的农地流转并不是一种纯粹的市场行为，而是蕴含在国家、集体和农民关系之中的。在人地关系相对紧张的状态下，作为农村土地所有者的"集体"——村委会和作为农村土地最终支配者的"国家"——政府，都具有将农户承包土地通过一定的途径收归"集体"或"国家"的手段。在这种国家、集体和农户关系下，农户难以真正支配农地流转的过程，也难以真正从农地流转中获得充分的收益。如何在确保农户权益的前提下将农户、村委会和政府之间的博弈关系和利益诉求有效整合，是农地流转中值得回答的深层次问题。

　　迄今为止，有关农地流转的研究主要集中在农地流转现状及影响因素、农地流转制度和法律、农地流转的市场机制等方面。从农地流转行为研究看，大多学者研究对象主要聚焦于农户农地流转行为。通过系统的文献回顾发现，很少有研究将农户、村委会和政府结合在一起来探讨农地流转，尤其是对三者在农地流转中相互关系的分析更少。本文拟通过对 X 市农地流转现状实证调查，探讨农地流转中农户、村委会和政府行为机理的选择，并从理论层面上解析三者在农地流转中的博弈关系。在此基础上，提出将农户、村委会和政府在农地流转中的行为有效地结合起来，建立共同的利益驱动机制，最大限度保护农民的土地权利地位，实现农地流转有效运行。

本书首先构建了关于农地流转利益相关主体行为研究的理论分析框架，从而为下文深入、系统的理论提炼及实证分析提供了必要的分析视角、范围和逻辑结构。其次，系统分析了我国农地流转发展的特征与现状。当前，我国的农地流转主要呈现出五大特征：一是规模扩大、趋势加快但整体规模偏低；二是农地流转区域间差异显著；三是流转形式多样化；四是新型农业经营主体流转比重不断增加；五是大宗农地流转期限延长，但农户间转包期限依然较短；六是农地流转市场初步建立。最后，进一步提出当前的农地流转还存在着流转行为规范化程度不高、仲裁机构不健全、流转农地非粮化倾向明显、土地流转市场化程度较低等问题。

基于对农地流转现状与发展特征的深入考察，结合构建的一般理论分析框架，本书开始着重研究农地流转中农户、村委会和政府的行为。论文选取 X 市的 F 区、L 市、G 县 3 个调查样本地，通过对 13 村 312 户农户的问卷调查和访谈、座谈等，获取了论文所需要的第一手资料和数据。论文从农户、村委会、政府三个方面对各自在农地流转中的行为进行分析，进而探讨农地流转三者之间的博弈关系。在农户层面，运用 Logistic 回归方程，从农户个体特征、家庭状况、外部体制环境等 3 类因素 17 个因子对农户农地流转行为进行回归分析。在村委会层面，就村委会在农地流转中的职能和作用、村委会在农地流转中的行为选择、存在的问题及制约因素、被调查地村委会农地流转的现状进行了分析和总结，并辅以案例进行实证研究。在政府层面，从政府介入农地流转的必要性、政府在农地流转中的行为选择及实证案例等方面进行了论证。在此基础上，分别探讨了农户、村委会和政府在农地流转中的行为目标，并就三者之间的关系进行博弈分析。

调查与研究结果表明：

第一，农户参与农地流转的行为从根本上说是一种有限理性的行为。在不同的要素资源禀赋下，农户的农地流转行为是不同的，它主要受家庭收入水平与来源、农地面积、农地承包期和户主年龄、职业等因素的影响。农户的行为总是在风险和利润之间博弈，寻求风险最小化条件下的利润最大化。

第二，在目前我国农户分散、规模较小，农地流转市场不健全，流转渠道不通畅等现实情况下，农地流转的运行需要村委会的介入和参与，为农业发展提供助力。然而，我国村委会的发展缺少相对公平、有序的发展空间。现行村委会面临准行政职能过度强化、经济职能不明确、干部社会动员能力不足、自治能力不足等问题。如何建立适宜村委会发展的外部环境，使其在农地流转经济活动中发挥应有的作用是值得我们深入思考的问题。

第三，政府行为的优化是实现农地流转快速有序进行的必然途径。现实农地流转中，基于成本收益的"理性选择"可能导致政府行为偏离公共利益的目标，产生政府失灵。因此，从制度源头上改变地方政府的效用函数和激励机制，合理界定政府行为边界，寻求市场机制与政府调控的最佳结合点，使地方政府干预纠正市场的同时，避免和克服政府失灵，从"经济人"回归到公共利益代表者，从而实现公平与效率的统一。

第四，农地流转的实施涉及中央政府、地方政府、村委会、农户等主要利益主体。在市场经济环境中，作为理性经济人的利益主体会根据不同的利益诉求进行比较并做出行为选择。在农地流转中，中央政府希望通过农地流转的实施，以较小的财政付出获取生态目标的实现；地方政府，希望中央能减免农业税收，加大中央财政转移支付，并提高补助标准；村委会追求的是自身社会利益和经济利益的最大化；农户追求的是收益的最大化和后续生计的可持续化。因此，实现农地流转的关键是正确认识农户、村委会和政府之间的利益博弈关系和利益诉求，并从和谐博弈关系的角度进行行为的调适，以达到不同利益者比较一致并充分信任的农地流转目标和发展战略。

第五，针对目前我国农地流转中存在的问题与不足，依据调查研究数据以及实证分析结果，提出完善农地流转可行的、适于操作的政策建议：厘定角色，建立共同利益驱动机制；重塑职责，培育流转利益主体新型关系；确立地位，实现农民土地权利的制度保障。

　　本研究可能存在如下几点创新：一是从国内外有关农地流转行为的研究看，众多学者主要聚焦于农户农地流转行为状况及影响因素，很少有学者去研究整个农地流转过程中涉及的相关利益主体的行为和诉求。本书从微观层面上探讨农地流转中农户、村委会和政府的行为选择和利益诉求，揭示各利益主体行为选择的内在动因，探讨在各自约束条件下选择相应的行为实现自身利益的最大化的机理，在研究视角上有一定的拓展和创新。二是将数理统计方法和博弈分析方法结合起来，对农地流转的利益主体进行定量和定性的分析。本书以实证的方式探究各利益主体在流转中的行为选择，并运用博弈论分析方法探讨农地流转中各利益主体之间的关系，寻求利益的均衡点。

1 导 论

1.1 研究背景

　　土地是人类社会中最重要的生产资料和生活资料，土地问题直接关系到国计民生和社会稳定。近年来，伴随着全面建设小康社会中城乡统筹协调发展的深入和新农村建设的推进，越来越多的农村人口从土地上被释放出来进入城镇，基于规模效应和土地价值最大化的土地流转成为常态，土地作为一种要素获得了更加广阔的流转空间，为统筹城乡用地需求，满足城市化、工业化发展，实现农民由土地实物保障向价值保障的转换奠定了坚实的基础。据农业部有关部门统计，截至 2016 年 12 月底，全国土地流转面积约 0.31 亿 hm^2，占家庭承包耕地面积的 35.1%，经营面积在 $6.7hm^2$ 以上的专业大户、家庭农场超过 270 多万户。

　　土地作为稀缺资源，承载了农户、集体和国家的基本需求。现实中的农地流转并不是一种纯粹的市场行为，而是蕴含在国家、集体和农民的关系之中的，并通过某些体制体现和维持的，这些体制包括：独特的农村土地产权制度、城乡分割的二元体制和自上而下的行政权力模式。在人地关系相对紧张的状态下，作为农村土地法律所有者的"集体"——村委会和作为农村土地最终支配者的"国家"——政府，都具有将农户承包土地通过一定的途径收归"集体"或"国家"的手段。在这种国家、集体和农民关系下，农民依然只是土地的经营者而非所有者，往往难以真正支配农地流转的过程，也难以真正从农地流转中获得充分的收益。这意味着农地流转与真正的市场行为仍有较大的差距。

现实农地流转中，作为国家代理人的政府和作为集体代表者的村委会究竟会选择什么样的行为？作为土地直接的经营者和受益者的农民，在农地流转中行为受什么因素的影响，并如何确保在与政府和村委会的博弈中得到有效的权益保障？这些都是农地流转研究中值得回答的深层次问题。农户、村委会和政府三者在农地流转行为中的作用，将直接影响农地流转工作的绩效。因此，对农地流转中农户、村委会和政府行为选择机理解析，研究各相关主体行为的博弈关系和利益诉求，建立共同的利益驱动机制，最大限度保护农民的土地权利地位，是实现农地流转的关键，也是本研究的出发点。

1.2　研究目的和意义

1.2.1　研究目的

本文以 H 省 X 市农地流转为研究对象，在对 X 市农地流转特征总结的基础上，通过对样本地农户、村委会和政府在农地流转中行为机理的解析，深入分析各自行为目标，进而演绎相互之间的博弈关系和利益诉求。在此基础上，提出将农户、村委会和政府行为有效结合起来，建立共同的利益驱动机制，以达到农户、集体和国家比较一致并充分信任的农地流转目标和发展战略。

1.2.2　研究意义

（1）理论意义

本书以交易成本理论、产权理论和地租理论为理论工具，在实证分析农地流转农户、村委会和政府行为选择机理基础上，运用博弈论分析方法探讨农地流转过程中各利益主体之间的关系，寻求利益的均衡点，为农地流转机制的建立提供理论指导依据。

（2）实践意义

随着我国工业化、城市化和经济现代化快速发展，农村土地问题成为农村经济发展甚至整个社会经济发展的制约因素。X 市地处中部地区，是全国主要商品粮生产基地，国家农业示范区，H省重要农产品加工基地。近年来，X市农地市场比较活跃，由于X市辖区间地理环境、经济发展存在较大差异，这对研究农户、村委会和政府农地流转行为的异同提供了基础条件。本研究在对农地流转利益主体行为研究的基础上，深入分析相互之间博弈关系，为制定合理的农地流转政策，构建共同的利益驱动机制，最大限度保护农民的土地权利地位，实现农地流转和谐发展提供借鉴和参考。

1.3 国内外相关研究动态及评述

1.3.1 农户、组织和政府行为研究

1.3.1.1 国内外农户行为研究

1. 国外研究

农户经济行为研究是20世纪70年代才发展起来的。国外有关农户行为的理论主要有三种流派。一是非理性派。以20世纪20年代苏联经济学家恰亚诺夫（1996）为代表的组织生产学派。他认为农民的经济行为具有生存理性而绝非经济理性。非理性观点的学者意见，农户经济本身形成了一个独特的体现，农民的经济目的是为了生活，而非牟利。二是完全理性派。以西奥多·舒尔茨（1999）为代表的农户理性行为学派认为农民属于"经济人"的范畴。传统的农业经济时期的小农与资本主义企业主的行为同样是"理性"的，都是追求利益最大化，使生产要素达到最优配置。波普金进一步做了修正，他认为经济上的农民很适合用资本主义的公司来比拟，但理性的小农追求的是"效用的最大化"（赛缪尔·波普金，1979）。三是有限理性派。该学派认为农民的经济行为兼有生存理性和经济理性两种特点。西蒙认为人的理性只能是有效的，人类行为中的理性和非理性同时存在，信息的局限性导致决策和行为中的非理性。这种观点为人们猜测农民单纯追求一种经济理性行为决策提供了坚实的基础。

2. 国内研究

国内关于农户行为研究主要集中在农户生产和消费行为上。早在 1987 年，卢迈、戴小京提出"半自给农户生产行为假说"。李成贵（1992）从生产和消费角度分析，提出我国农户经济行为的特点是在收入稳定和收入增长这双重目标的支配下，对所受到的内部约束和外部环境刺激做出的理性选择。宋洪远（1994）从经济体制因素分析了农户行为。黄宗智（1992）认为中国的实际情况是恰亚诺夫和舒尔茨为代表的两种学派理论应用于中国农户经济的混合体。钟涨宝、陈小伍（2007）认为，农民的行为选择，绝对不是盲目、完全非理性的，他们的行为有着较为明确的目的和动机。90 年代中后期，一些学者开始尝试运用定量研究的方法对农户经济行为进行实证研究。刘承芳等（2002）通过借鉴 Heckxnna和 Tboti 模型对农户生产性投资行为影响因素进行研究，得出影响农户投资行为的主要因素。史清华（2000）在《农户消费行为及其购买力》一书中，对农户消费行为特征及变化趋势进行实证探讨。方海松和孔祥智（2005）运用 Logistic 回归分析了农户禀赋对农户采纳农业技术的影响。黄祖辉（2005）、罗必良（2012）、陈飞（2015）通过数理统计的方法对农业结构调整中的农户决策行为特征进行了分析。

1.3.1.2　政府行为研究

1. 政府行为的内涵。对于"政府行为"的内涵的界定，学者们尚未形成一致的意见。罗豪才（1996）认为，政府行为是与国家主权有关的行为，如国防、外交等行为，也称作"国家行为"；刘向杰（2007）认为政府行为就是政府职能的具体表现，是政府意志的体现。

2. 政府行为定位与职责。戴慕珍（1992）在对财政改革激励下的地方政府行为进行经验描述的基础上，提出了地方法团主义的理论。林南（1996）认为地方法团主义还无法解释在全国性政策下会出现多元化发展的地方模式，主张用"地方性市场社会主义"的视角来分析改革进程。徐文付、唐宝富（2000），分别从经纪人、政治人、道德人论述政府的角色扮演。朱光磊（2006）认为在中国经济已经达到相当规模的前提下，政府治理的目标要开始转型，从以往的经济为导向的战略思维向塑造新型的公共服务型政府转变。政府需要通过宏观调控来遏制土地资源市场的无序与失灵，并且通过完善、公开的程序规定来减少寻租行为，实现共容利益对狭隘利益的遏制（吴杰华，2009；谷满意，2013；李毅，2015）。

3. 政府行为特征。洪银兴和曹勇（1996）指出地方政府对市场化过程的有力推动促进了中国经济的高速发展，地方政府在创造中国市场经济体制中的关键性作用是不可忽视的。杨善华、苏红（2002）认为在市场转型过程中乡镇政权的角色从代理型政权经营者转向谋利型政权经营者。朝双、田芳（2002）认为经济体制改革的实质在于政府为市场服务，这就说明了政府改革应以市场的需求为导向。彭向刚、王郅强（2004）从分析计划体制时代管制型政府存在的不足入手，来说明服务型政府应作为政府改革的目标模式，这其中蕴含的也是这一思路。吴敬琏（2005）、郎佩娟（2010）认为在市场化运行的过程中，一些地方政府基于地方财政收入的增加，通过对企业运作的干预来推动地方经济的发展。

4. 政府行为的研究对象。国外学者的研究主要集中在乡镇政府。沃尔德将地方政府直接比喻为"厂商"；奥伊用集体法团主义的概念对乡镇政府的政府与经济职能合一的制度形式进行了表达。国内学者也多从乡镇政府这个层面进行了相关的探讨。杨瑞龙（1998）阐述了地方政府在我国向市场经济体制过渡中的特殊作用。张静（2000）认为地方政府对乡村基层管理时，基层政权的组织头衔、集体代表等公共地位合理的孕育出对公共资产的合法运行权。阙忠东（2005）、焦克源（2013）提到了县级政府在中国政权体系中的地位与调整过程中存在的县区划运作中的县乡矛盾问题，指出两级政府的职能有重叠之处。

1.3.2 农地流转研究

1.3.2.1 国外农地流转研究

土地产权制度和国家经济制度的差异带来农地流转体系的不同。国外绝大多数的农村土地为私人所有，土地可以直接进入市场进行交易。因此国外学者很少用"农地流转"这一概念，研究较多的是农村土地市场及土地交易。

1. 农地流转制度研究。制度经济学和法学等学者普遍认为，农村土地产权制度是农村土地流转的制度基础。罗纳德·科思（1960）对农地制度进行了较早研究，他认为产权权利的界定是市场交易的基本前提。Feder和Feeny（1991）认为必须要构建非常明确并且具有强有力操作性的农地规则制度，只有这样才能保证农地市场的健康运行，对农地产权也得到充分的保护。但是，也有学者提出不同看法。Claudio Frischtak认为应建立土地信息系统，提供土地价格、附加投资以及地租等信息。

2. 农地流转市场化理论研究。Jwan Olson Lanjouw（1999）借助一般租借均衡模型来验证农村土地市场和信息是否行之有效。OohnL Pender, John M. Kerr（1999）通过对印度半干旱地区村民水土保持投资行为的实证调查，认为应限制土地交易对土地投资、耕种抉择及农业贷款的影响。Douglas C. Macmillan（2000）从经济学的角度分析土地市场。Matthew Gorton（2001）通过对 Moldova 地区小规模土地经营的研究，提出只有进行农地规模流转，实现农业联合经营才能最大限度地降低土地交易带来的损失。Joshua& Eleonora et al（2004）在对斯洛伐克农村土地市场研究中指出，直接和间接的政策干预效应导致土地价格偏低。

3. 农地交易状况的研究。首先是交易费用方面的研究。Bogaert 等学者（2002）通过对中欧国家和地区的农地交易情况的调查，指出国家制度等因素是导致农地交易费用过高的主要原因，从而阻碍了农村土地的顺利交易。Joshua MDuke, etal.（2004）以斯洛伐克为例，对 20 世纪 90 年代初中东欧国家农地流转的交易费用进行了探讨，认为私有化产生高昂农地交易费用，阻碍了土地交易所带来的福利的增进，资源配置难以达到最优。其次是农地交易与农业绩效关系研究。土地租赁被认为是比土地买卖市场更有效率的土地资源分配方式。Basu（2002）认为，土地租赁是土地利用的最普通方式。速水佑次郎（2000）通过对 21 个发达国家和 22 个欠发达国家农业生产率的比较实证研究，提出在发达国家和欠发达国家之间，土地规模经济的作用对劳动生产率的差别的解释大约为 25%。Tesfave and Adugna（2004）认为农户是否扩大农村土地经营规模与家庭可用劳动力和牲畜拥有数量成正相关，与土地质量成负相关。此外，一些学者对影响农地交易的政策背景进行了探讨。Dale 和 Baldwin 通过对中东欧国家农地交易的比较研究，发现有效的土地市场不仅要求有清晰的产权界定，还必须具备有效的资本和借贷市场等制度环境。Terry van Dijk（2003）就中欧国家农户农地流转研究后指出，经济环境影响土地交易，土地的买卖是基于多重因素的考量。包宗顺（2015）、张溪、黄少安（2017）认为，土地租赁是土地利用的最普通方式。众多国外学者研究显示，各级政府在推动农地流转的过程中，应对交易费用产生的后果进行足够的考虑，采取有效措施保障农户的权益。

1.3.2.2 国内农地流转研究

我国农村土地的流转可以追溯到改革开放初期，随着农村土地家庭承包经营责任制的不断完善而逐步扩大。20 世纪 80 年代末 90 年代初，学术界逐渐关注并研究这一问题。

1. 农地流转的内涵研究。学界对农村土地流转的内涵外延的界定尚未达成一致。从广义而言，农村土地流转包括征收、土地所有权和承包经营权的流转（张红宇，2002）；狭义的农村土地流转是指土地承包经营权的流转（刘国超，2002）。钟涨宝、汪萍（2003）、黄伟（2012）认为农地所有权归属于国家或集体，农地流转应该仅是一种农地使用权的转让和流通。丁关良（2007）提出，在不改变所有权性质和农业用途基础上，原承包方依法将物权性质的土地承包经营权全部或部分转移给他人。刘卫柏（2010）认为，中国的农地流转归集体所有，农地流转主要表现为土地所有权和使用权的流转。虽然并未达到统一，但大多数学者都比较认可的观点是：农地流转就是承包方以不同的流转方式将农地经营使用权转给其他农户或农业经济组织从事农业生产的过程。

2. 农地流转现状的研究。张照新（2002）通过对六省农村土地流转市场的调查分析得出，受非农就业机会的限制，农村土地流转市场供给低于需求。叶剑、丰雷（2006）认为，我国土地使用权流转市场初步形成，但发展缓慢，农地交易价格并未充分显化，不正式的土地流转多，并且地区差异显著。余艳琴、查俊华（2004）认为承包经营权主体缺乏清晰性、农户承包经营权缺乏排他性和安全性、承包经营权的权能责任利益缺乏对称性都直接影响了土地流转的发展。黄祖辉等（2008）对浙江省 320 户农户的调查显示经济比较发达的农村地区呈现出土地流转模式的多元化、土地流转过程的市场化、土地流转工作的规范化、土地流转价格的合理化等特点，但也存在虚化的利益主体、分散的流转形式、无序的中介服务组织以及落后的社会保障体系等影响农村土地流转的一系列问题。兰晓红（2010）认为经济发达和欠发达区域内的农地流转的规模、形式都具有显著的不同，农村新型经营主体在经济发达区域所占的比重不断上升。张云华（2012）、钱忠好、冀县卿（2016）认为当前农地流转呈现规模扩大，趋势加快，地租成为农业成本和收益的重要组成部分等新特点，但存在政府流转服务能力薄弱、流转农民主体地位难保障、培育规模经营主体难、缺乏稳定合理的收益分配机制、流转农地非粮化与非农化倾向明显等问题。

3. 影响农地流转因素的研究。对于农地流转因素研究，学者们主要从劳动力市场发育、剩余劳动力转移、经济发展状况等方面进行分析。一是经济因素。贺振华（2003）从经济学的角度出发，提出土地的重要性以及土地的租金是决定农民是否愿意流转的因素。杨德才等人从经济学角度分析了农地流转的驱动力，他们认为土地承包者从事土地生产经营机会成本高、经营风险大、比较效益低，因此承包户愿意将土地使用权流转出去。熊浪等（2009）研究说明，东南沿海地区的农民之所以没有进行大规模的土地承包经营权流转，主要在于这些地区的土地价格不断升值，人们对土地价值持续升高的预期阻碍了规模土地流转的发生。二是制度因素。张红宇（2002）提出土地使用权流转市场化机制的缺失对土地流转的影响。魏世军（2005）、诸培新（2011）指出农村土地产权制度缺陷、土地所有权和承包经营权模糊是制约农村土地承包经营权流转的制度因素。刘政坤、张昌文（2009）指出农村土地流转中介组织部完善影响农村土地流转的阻碍因素。三是农村社会保障机制的缺位。叶鸿、王志尧（2010）认为社会保障的缺位使农民担心土地流转后会失去生存的根本，一些地区由于交通、基础设施等方面的限制土地流转后也难以形成规模经营。丁关良（2008）、高珊、周春芳（2009）、夏显力（2015）都表达了类似的观点。四是对影响农地流转的微观因素的分析。田传浩（2004）通过对苏、浙、鲁地区实证分析，得出农户对地权稳定性的预期显著地影响其租入农地行为，农户对地权稳定性的预期越高，租入农地的可能性越大，租入的面积也越大。黎霆（2009）、宋辉（2013）、吴巍、张安录（2016）指出农户家庭的收入水平与来源、农地面积、农地承包期和户主年龄、职业等内部因素与农地的转入及转出有着密切的关系。

4.农地流转市场的研究。农村土地市场的发育程度决定着土地资源合理利用的程度（王俊沣，2011）。许多学者对农地流转市场做了分析。黄贤金、曲福田（2001）系统地分析了农村土地市场的构成、主要类型、运行及存在的主要问题，认为农村土地市场的发展对于提高经济运行效率起着至关重要的作用。孙佑海（2002）将土地流转作为一个体系进行系统研究，将土地流转划分为土地的功能流转和土地的权利流转。中国农村土地流转市场的现状是：尚处于起步阶段，整体发展速度比较缓慢，经济发达区域和欠发达区域差异性明显（叶剑平，2006；邓大才，2009）。影响农村土地流转市场发展的因素是多方面的。牟燕、郭忠兴（2006）提出合理评估农村土地市场的价格机制，确定符合承包方和承租方互赢的利益机制是构建良好农村土地流转市场的关键所在。许恒富（2007）、何欣（2016）认为实现农村土地资源的有效整合的前提是农地市场化的培育程度即建立完善的农地交易市场，构建符合市场运作的中介组织。虽然当前对农地市场已有较为丰富的研究成果，但对制约农地市场良性运行和协调发展不足方面的研究还较少。

5.农地流转机制与经济绩效和农民利益保障相关研究。一是土地流转机制与经济绩效。农地制度与经济绩效之间的关系是发展经济学界关注的问题，但许多国际机构做了许多研究却没有一致的科学结论（Feder and Deininger，1998）。姚洋（2000）认为地权的稳定性、资源配置效应和社会保障效应是农地制度影响经济绩效的主要途径。土地为我国绝大多数农民提供了基本生活保障，也是维护社会稳定的重要因素（杨成林，2014）。二是土地流转与农地资源持续利用关系。中国的联产承包责任制极大调动生产热情和提高土地生产率（Lin，1992；Huang and Rozele，1996）。农户之间的非正式土地流转容易造成土地土壤肥力的衰退（俞海，黄季焜等，2003）。三是土地流转中公平与效率、发展与稳定的关系。温铁军（1999）认为我国20世纪50年代的土改、80年代的大包干和当前推行的"30年不变"，事实上是以村社为单位实行内部均分制，实现土地公平。但分散的小规模经营也影响了土地利用效率。黄贤金等（2002）认为可以通过农地流转实现农村土地资源优化配置提高生产率，发展农村经济。但非正式的土地流转可能降低地权稳定性带来土地肥力下降和农民社会保障风险（田传浩，贾生华，2004；陶自祥，2016）。四是土地流转与农民利益保障关系。王西玉（2003）认为土地与农户的关系包括土地利用和对社会贡献关系以及土地价值、地租相关的农民利益，承包到户20多年土地流转主要是着眼土地产出效率上，忽视了保护农户主体利益的有效机制，要重视土地价值与农户利益关系。曹建华等（2007）、钟涨宝（2004）认为土地流转关键是农户决策行为，从农民利益出发构建土地流转机制是可以成立的。乔文俊（2014）也认为土地制度要体现保护农户基本权利，地权在法律层面确定后，其剩余部分则取决农户自己选择。

6. 农地流转制度、法律方面的研究。何静（2001）认为必须赋予农地使用权流转一定的法律保障：在法律法规中界定"农村土地使用权"的具体权利；强化使用权的继承权；明确使用权有偿转让的合法性，并对有偿额进行量化：规定各种流转形式的流转期限及因土地流转涉及的乡村税费负担解决办法。刘红梅、王克强（2001）通过构建土地承包和租赁的典型关系模型，研究农民集体土地流转过程中的利益分配方式。迟福林提倡把农地使用权长期交于农民，强调扩大农地的使用权，模糊所有权；黄祖辉等（2002）论述了农地流转市场化与农民职业保障的社会化宏观政策设计，着重从宏观政策方面进行了阐述。谢经荣、叶剑平、王玮等（2000）针对我国当前农村土地流转问题，研究沿海经济发达地区农村土地租赁存在的问题。认为我国农地使用制度将逐渐建立起产权清晰，更适应市场经济发展的"家庭农地租赁制"。党国英（2008）认为从法规意义而言，农民拥有强度较高的土地财产权，但实际地方政府和村集体的掌控者却拥有强度较高的土地控制权。

1.3.3 农地流转中农户、村委会和政府行为研究

1.3.3.1 农户的农地流转行为综述

国内外学者们对农户在农地流转呈现的行为已经做了大量的研究。绝大多数研究主要是从宏观的视角来探讨农户农地流转状况、方式及影响因素，或者对农户的农地流转意愿及其影响因素进行分析。

就国内学者研究来看，钟涨宝、汪萍（2003）认为农户的农地流转行为不仅是一种经济行为，而且还是一种社会行为。钱文荣（2004）在对浙江海宁和奉化市农户农地流转行为意愿及影响因素的实证研究后，提出人均收入的提高、非农产业的发展以及教育程度的提高，农户的农地流转意愿呈现先提高后下降的趋势。田传浩、贾生华（2004）通过对苏浙鲁三省农户调查实证研究了地权的稳定性对农户租入农地行为的影响，结果显示农户对地权稳定性预期越低，租入农地的可能性越小，租入的面积越小。张文秀（2005）等人从农户非农收入、农地功能、流转收益及农户受教育程度等方面分析了影响农户农地流转行为。罗必良、郑燕丽（2012）通过对广东农户问卷调查，指出相对一般农户而言，拥有较强农业经营能力的农户倾向于自己耕种，通过适度规模经营，可以达到农业经济的优势比较效益。还有一些学者虽然没有明确地研究农户农地流转行为，但是从不同视角涉及了农户的农地流转行为。例如，钱忠好（2003）通过分析土地产品价格、土地经营非生产性收益、生产性成本和非生产性成本及土地经营的使用成本、交易成本等对农地承包经营权的市场供给和市场需求的正向

作用和反向作用，指出"不愿多种地又不能不种地"是农民基于现实条件的理性选择。丁关良、李军（2004）对农村土地承包经营权流转方式、运行机理和操作程序进行了详细的规范分析。

1.3.3.2 关于农地流转中组织行为的研究

在很多学者的研究中，并未把政府和村委会分开研究，而是将两者的界限模糊，统统纳入政府行为的研究中。

1. 农地流转中的政府行为研究

关于农地流转中的政府行为，有许多学者已经做了大量的研究，主要是从公共经济学和制度经济学的角度来研究政府在农地流转行为中发挥的作用和履行的职能。有些学者认为在农地流转中，无论土地市场发育如何，都不可避免的需要政府的合理干预。吴毅（2004）认为无论集体还是私有，只要是小土地经营，那么，在土地的利用中实际上就都无法绕过政府。钱文荣（2003）研究指出，随着农户收入水平的提高，转移欲望增强，但达到一定程度后，农民流转农地的欲望往往随之下降。为了实现以较低的成本进行农地的流转，农民大多希望政府能发挥更大的作用。潘锦云，汪时珍（2011）认为制约当前农地流转效率的不仅有农户"乡土"情结，还有基层政府引导力度不够的因素，因此政府可以在农地流转中发挥更大作用。

一些学者在文献中提到了政府干预农地流转的两面性。熊红芳等（2004）认为，政府在促进农地流转方面起了一定的积极作用。但在农地流转过程中，地方政府往往进行行政干预，没有处理好政府在农地流转中应该承担的责任。邬丽萍（2006）认为经济利益应完全独立于政府的经济力量，如若政府自身利益不能完全独立于调控客体，其调节将不可能是完全公正和有效率的。刘鸿渊（2010）认为在规范的农地流转市场缺失的条件下，政府介入农地流转可以节约交易成本，具有积极意义。而政府主导下的农地流转能否增加农民的收入、缩小收入差距是农地流转过程中必须回答的问题。

也有学者主张政府不应该干预农地流转。黄贤金等（2003）认为政府行为虽然暂时对农用地市场的发育有良好的促进作用，但必须随着市场的发育逐步从具体的市场运作中退出。邓大才（2004）认为，农地交易失控是政府对土地干预过多导致政府失灵和制度失灵。应充分利用市场手段，让市场调节农地的供给和需求，让市场成为控制农地交易数量的"总阀门"。刘红红（2008）对政府公权力提出质疑，认为以行政方式推动的农地流转可能造成资源的错配。徐志明（2009）认为一些政府和社区的过度干预造成了土地承包权经营流转的低效率，政府和社区对农地流转服务和管理的缺位，造成了土地流转的不顺畅，流转纠纷增多。裴厦等（2011）认为政府在土地流转中要适度引导和监督，不能过度干预农民的意愿和行为。

2. 农地流转中的村委会行为研究

对于在农地流转过程中村委会的分析，马晓河、崔红志（2002）提到一些村委会仅仅把农地流转作为增加村庄收入的主要目的，有的村委会热衷于以低价格、长期限、大规模转让和租赁土地为条件对外招商引资，从中获得利益。张红宇（2002）指出，一些地方的村委会，在大多数村民不知情或不赞同的情况下，采取工商企业和大户进入农业的经营方式，以较长的租赁期限和强制性手段承租大片土地进行规模经营开发，使农民失去生存和发展的保障前提。在一些地方，土地租赁合同是由行政村签订的，自然村的土地所有权被授予了更高一级的组织。而林玉珠（2005）却更多地肯定了村委会对于农地流转活动的积极作用，认为目前多数地区的村集体组织对农民转让转包的行为采取"放任自由"的办法，并且在少数地区还出现了强制农户转让耕地的做法，引起了农民的很大不满。但从长远的角度看，村委会对于农地流转活动还是具有相当大的积极作用，应大力强化村集体组织在农地流转市场中的服务职能。通过完善农地分等定级和估价工作、建立农地登记制度、信息传递机制等完善我国的农地流转制度。韩笑（2007）认为土地村庄所有制是对当前农村土地占有和利用的集中概括，赋予村庄以集体土地所有权主体的地位，由村民委员会代表行使土地所有权是比较合适的选择。朱秀峰（2007）从组织行为学的角度提出以村两委为代表的农村精英能主动地分析政策以及相关的文件精神，理解到上级的需求，把农民当作一个整体来看待，将整个农民这个群体作为一个符号进行操作。李长健、徐丽峰（2009）强调基层权力主体应规范和监督农户农村土地流转，同时充分发挥村民委员会协调其他治理主体的作用，规范农户农村土地流转的行为，保护农户土地流转的合法权益。王辉（2009）建立了博弈模型，认为农地承包经营权流转中权利主体不清晰实质是村集体代替农民行使权利即村集体和国家监督部门之间存在监管博弈。

综上所述，国内外学者对农地流转进行了深入而系统的研究。学者们主要就农地流转程度现状及影响因素、农地流转制度和法律、农地流转的市场机制等方面展开了探讨。从现有农地流转行为研究看，学者们主要围绕农户农地行为的研究展开论述。对于农户行为的研究主要分析了农户在农地流转中的行为响应机制、决策行为形成机制和行为过程，有些学者进一步解析了影响农户流转行为、流转意愿的因素。对于政府和村委会在农地流转中的行为研究只是简单地陈述了地方政府和村委会扮演的角色和承担的职责，认为地方政府、村委会不要过分介入农地流转，应更多从服务、引导和规范的立场从外围给农户农地流转提供各种支持。通过系统的文献回顾，笔者发现，将农户、村委会和政府结合在一起来探讨农地流转的研究还很少，尤其是对三者在农地流转中相互关系的分析更少。本书希望能够抓住这一农地流转研究的新方向，通过对农户、村委会和政府在农地流转中行为机理的解析，揭示各利益主体行为选择的内在动因，探讨在各自约束条件下选择相应的行为实现自身利益的最大化的机理，进而演绎相互之间的博弈关系和利益诉求。在此基础上，提出建立共同的利益驱动机制，以达到农户、集体和国家一致的农地流转目标和发展战略。

1.4 研究方法

1.4.1 实证分析法

本书选择 H 省 X 市作为样本调研地。采取随机分层典型抽样方法，综合考虑土地流转规模、经济状况、自然环境条件和地理位置选择 X 市 F 区、L 市和 G 县为样本县，三地的地理位置、地形、地貌、社会经济发展状况以及土地资源禀赋情况有较大差异。在三个样本县各抽取 2 个典型样本乡（镇），在每个样本乡抽取 2—3 个典型样本村，共计 6 个样本乡（镇），13 个样本村，312 户农户作为此次调查的样本。同时，通过对上述三地政府部门、农经部门、镇政府等相关机构的实地调查和对被调查村庄村委会进行个案访谈及收集现存统计资料。

1.4.2　比较分析法

本书在调查点的选择上，考虑到不同地域、不同经济发展水平和不同模式的差异，选择 X 市不同经济发展水平的镇村进行调研；在研究设计中，比较农地流转中农户、村委会和地方政府行为目标的差异；在研究内容中，分析农户、村委会和政府在农地流转中的行为表现的差异。

1.4.3　数理统计分析法

在对农户调研的基础上，运用 SPSS 统计分析软件对 X 市 312 户样本农户问卷调查资料进行数据统计处理，分析农户对自身、村委会和政府在农地流转中行为的认知与评价。采用回归分析等数理方法对农户行为选择机理进行分析，并运用博弈分析方法研究农户、村委会和政府在农地流转中的决策行为。

1.4.4　案例分析法

通过典型案例研究，分析村委会、地方政府和农户在农地流转运行中的行为机理选择。

1.5　研究内容与技术路线

1.5.1　研究内容

第一章，导论。首先介绍本书的研究背景与研究目的和意义；随后对论文的国内外研究研究动态进行述评与归纳；接着介绍了本文采取的研究方法、研究的内容和技术路线；最后提炼出论文的创新点和存在的不足之处。

第二章，农地流转中农户、村委会、政府行为理论分析框架。界定本书涉及的一些核心概念的内涵和外延，在对相关理论进行了阐述的基础上，构建理论分析框架。

第三章，我国农地流转特征及存在的问题。对我国农地流转的特征进行了总体评价，并对当前我国农地流转存在的问题及影响因素进行分析。

第四章，X市农地流转概况与样本特征。主要介绍X市农地流转的基本情况，对样本县、乡地理、经济和资源状况进行了描述，并呈现样本农户的基本特征。

第五章，农地流转中农户行为及影响因素分析。结合样本农户数据分析了农户参与农地流转的态度和行为状况。

第六章，农地流转中村委会行为研究。就村委会在农地流转中的权能、行为选择、存在的问题及制约因素进行分析，并辅以案例探讨村委会在农地流转中的行为。

第七章，农地流转中政府行为分析。从政府介入农地流转的必要性入手，分析政府在农地流转中的角色、行为偏差及行为选择，结合调研中的实证描述地方政府在农地流转中的决策行为。

第八章，农地流转中农户、村委会和政府相互关系分析。对农地流转中农户、村委会和政府之间进行博弈分析，分析各利益主体之间博弈关系和利益诉求。

第九章，研究结论与对策建议。对本书主要章节的内容进行简单的总结，针对前面的研究分析，提出相关对策建议。

1.5.2　技术路线

本书在土地产权理论、地租理论和交易成本经济学等理论以及我国农地流转现状的基础上，以 X 市农地流转实证调查为出发点，对农地流转中农户、村委会和政府的行为方式与行为机理进行了解析，并从理论层面上探讨三者在农地流转中的博弈关系和利益诉求，提出将农户、村委会和政府在农地流转中的行为有效地结合起来，建立共同的利益驱动机制是推动农地流转的核心问题。

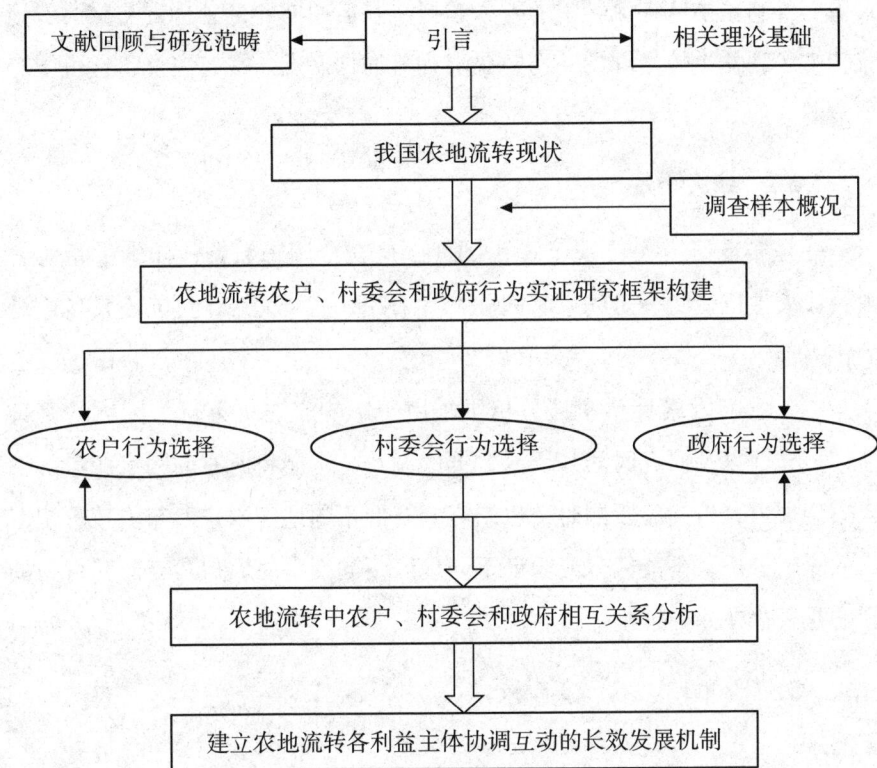

图 1-1 技术路线框架

1.6 可能的创新和研究不足

1.6.1 可能的创新

（1）从国内外有关农地流转行为的研究看，众多学者主要聚焦于农户农地流转行为状况，以农地流转过程中相关利益主体的行为和诉求为出发点进行的研究还不多。本书从微观层面上探讨农地流转中农户、村委会和政府的行为选择和利益诉求，揭示各利益主体行为选择的内在动因，探讨在各自约束条件下选择相应的行为实现自身利益的最大化的机理，在研究视角上有一定的拓展和创新。

（2）将数理统计方法和博弈分析方法结合起来，对农地流转过程中农户、村委会和政府的行为进行定量和定性的描述与研究。论文以实证的方式探究各利益主体在流转中的行为选择，并运用博弈论分析方法探讨农地流转中各利益主体之间的关系，寻求利益的均衡点。在方法上，这可能有一定的创新。

1.6.2　研究不足

一是实证研究主要基于 X 市的 312 户农户调查数据，样本量相对有限，代表性也受到一定约束。因此，本书的某些研究结论可能不具备广泛的代表性。

二是影响因素计量实证分析中，由于影响农户决策行为因素的复杂性、多样性以及研究时间和研究数据的制约，未能将所有的因素变量都纳入模型加以分析检验。同时，也未充分开展不同地区农户参与流转影响因素的比较分析，不能区分或验证不同地区不同因素对农户参与流转行为的影响是否存在差异。

2 农地流转中农户、村委会、政府行为理论分析框架

2.1 基本概念与研究范畴的界定

2.1.1 农地

农地是农业用地的简称，指的是用于农业生产的土地，包括耕地、园地、林地、牧草地、其他农用地。基于农地流转研究的需要，我们将包括农村宅基地在内的能够流转的各类农用地归为广义的农地，将仅用于生产的农业用地称为狭义的农地。本书所界定的农地仅指村集体发包给农民的耕地，不包括农村集体建设用地、农村宅基地以及林地等其他农用地。

2.1.2 农地流转

农地流转在理论上可区分为广义的和狭义的农地流转。狭义的农地流转仅限于土地承包经营权的流转，农户在承包期限内通过多种方式将农地经营权转给其他农户或组织从事农业生产，但村集体作为土地法律所有者、农户作为土地法律承包者的角色并没有改变。广义的农地流转则是一个内容更为广泛的概念，它甚至包括土地法律上所有权的转换。狭义的土地流转是指依附于土地之上的各种权利在不同权利主体之间移转的现象或行为过程。广义的农地流转除包括土地权利的流转外，还将各种土地功能转变视为流转的一种形式，即包括土地权利流转和土地功能流转。本书研究所涉及的农地流转是指农地内部流转，即农地使用权流转，在不改变农

村集体土地所有权的情况下，农户通过转包、出租、互换、转让、入股、抵押等形式将土地承包经营使用权转给其他农业生产经营者从事农业生产活动。

2.1.3 农户

所谓农户就是以血缘关系为基础而组成的从事农业生产经营活动的农民家庭（韩明谟，2001）。在我国，农户实际上就是那些建立在农村土地集体所有基础之上，以家庭承包经营为前提，使用自有生产资料，从事农业生产经营的单位（史清华，1999）。农户是一个集社会与经济功能于一体的原子化单位，既是从事农业经营和农业生产的经济组织，又是建立在姻缘和血缘关系基础上的社会生活组织，具有生产、消费、生育、教育、积累、文化等多方面的经济社会职能。从经济角度来看，农户从事农业生产活动总是基于一定目标或为满足特定利益，具体目标可分为经济目标和非经济目标。经济目标是农户从事农业生产的经济动机，即获得最基本的生活资料、改善生活条件以及追求最大限度的经济利润；而非经济目标包括保障生活的稳定与安全、响应国家政策、自身休闲的需要、保障资源的再生能力等。从目前我国农户的行为模式来看，仍然以追求经济目标为主（孔志峰，2006）。根据学者们已有的概念结合农户自身特点，本书将农户界定为具有农业户籍享有农村土地承包经营权的家庭。

2.1.4 农村集体组织

考虑到我国农村的实际情况，以及农地流转的特殊性，本书所指的农村集体组织包括村民小组、村委会及相关村集体经济组织。村委会是农村社会与村民利益关系最密切、最直接的组织，村委会是农村中包括成员最多的组织，农村中的集体经济收益分配、宅基地审批、农地的发包等都由村委会管理或者由村委会经手。当前由于村各级集体经济组织实体的虚化，往往由村委会行使村庄集体土地产权主体的职能。因此，本书将村委会作为农村集体组织的代表，主要研究村委会参与农地流转的行为机理。

2.1.5 政府

政府是国家权力机关的执行机关，我们主要将政府界定为两类：中央政府和地方政府。中央政府主要负责全国范围内的行政事务的治理，行使维护国家政权、促进经济发展、提供公共服务、完善社会管理的职能。地方政府主要是在中央政府的管辖下，负责地方行政事务治理。

本研究将研究重点在地方政府层面。本书所指的地方政府是包括农村乡镇（乡镇政府）和城市街道权力主体（街道办事处）。

2.2 相关理论基础

研究农村土地流转，推动中国土地流转制度的建立和完善，可以借鉴西方的相关理论做指导。西方的一些经济学理论，如土地产权理论、地租理论与成本交易理论等对分析研究农地流转具有重要的借鉴意义。

2.2.1 土地产权理论

产权经济学作为体系完整、相对独立的经济学分支诞生于西方，其代表人物是科斯、诺思等经济学家。马克思主义认为，产权的发展根源于生产力的发展，产权关系或产权制度随着生产力的演变而变化。随着生产社会化和商品经济的发展，产权所表现的占有权、支配权、使用权等权利是不断发生变化和演替的。产权经济学是一门以产权为基础的经济学科。产权的核心是所有权，也是权利束，包括从占有到处分的全部权利。农村土地产权是以农村土地所有权为中心的一组权利，反映土地经济关系。土地使用权是农地承包方按照法律规定对农民集体土地享有的占用、使用和收益的权利。农村土地使用权是在农民集体土地所有权基础上派生出来的一种财产权。土地收益权是一种连带产权权能，它使所有权在经济上得以实现。土地处置权同土地收益权一样，也是一种连带产权权能。农地流转实质是一种产权交易，将产权经济学理论纳入农地研究的理论框架中，对梳理农地各种权力的属性，明确农地流转各方享有的权利与承担的义务，规范农地的合理运行具有重要作用。

2.2.2 地租理论

尽管西方农地市场的形成晚于中国，但威廉·配第之后的 300 多年，西方却产生了丰富的地租理论研究。17 世纪后期，威廉·配第从价值源泉视角提出地租概念，认为地租是收获扣除工资和种子费用后的剩余。亚当·斯密在《国民财富的性质及其原因的研究》一书中提出地租应该是承租人将土地的真实的市场价格以租金的形式予以支付（亚当·斯密，1972）。他把地租看出是土地所有权的结果，虽然没有提出绝对地租概念，但分析的确是绝对地租的内容。詹姆斯·安德森发现了由于土地肥沃程度不同而形成的级差地租。英国经济学家李嘉图认为地租的产生必须有两个前提：一是土地有限性，二是土地的肥沃程度和位置上的差别性（李嘉图，1962）。他看到了土地所有权的作用，却否认绝对地租，所以他只谈由肥沃程度不同而产生的级差地租，不谈使用土地必须支付绝对地租，这也是李嘉图地租理论的严重缺陷。此后很多地租理论都是在李嘉图地租理论的基础上进行完善的。萨伊运用效用价值论考察地租问题，认为地租是对使用土地的补偿（萨伊，1997）。马尔萨斯认为地租是自然对人类的赐予，是总产品价格中的剩余部分，或者用货币来计算是总产品价格中扣劳动工资和耕种投资利润后的剩余部分。

以上理论的提出均为马克思的地租理论奠定了基础。马克思的地租理论归纳起来包括五个方面：一是建立了绝对地租理论；二是详细考察了地租阐述的根源在于土地私有制；三是分析了地租量的影响因素；四是研究了地租与地价的关系，即地价是资本化的地租，地租绝对地价；五是分析了垄断地租、矿山地租和建筑地租等具体地租类型。经济学史上的边际革命发生后，边际主义地租理论也随之出现。萨缪尔森认为地租是为使用土地所付出的代价，是土地供给和需求的相交点，地租量完全取决于需求量，取决于需求者之间的竞争。新制度经济学的兴起，一些学者从交易成本和产权视角去研究地租。

从西方地租理论的文献梳理可以看出，早期研究主要从学理角度追寻地租的源泉，研究地租的分类、性质、计量、分配及其产生条件。进入 20 世纪后，对地租的实证研究才逐渐增多。地租理论是土地流转合理、有序发生的理论前提，对指导农村土地流转具有重要的意义。

2.2.3 交易成本理论

交易成本是新制度经济学中具有理论基础意义的最基本范畴和分析工具。科斯最早将交易费用引入到经济分析中，将交易费用解释为"利用价格机制的成本"，同时提出了运用交易成本进行经济分析的思想。1960 年提出的科斯定理将交易成本概念拓展为关于交易主体、交易的愿望和方式、交易契约的缔结和执行等一系列成本。威廉姆森认为交易成本就是"经济系统运转所要付出的代价或费用"。他拓展了交易费用的研究和应用领域，使交易费用理论形成了比较完善的体系，构建了新制度经济学中一个新的分支，研究交易成本对经济组织及其产出的影响的经济学 TCE 即"交易成本经济学"（聂辉华，2004）。埃格特森的定义是"个人交换他们对于经济资产的所有权和确立他们的排他性权利的成本"。张五常（1989）将交易费用定义为一种制度成本，是在鲁宾逊经济中不可能存在的所有的各种各样的费用。

交易成本经济学以交易为基本出发点，主要分析了交易过程中的成本约束对交易结果的影响，更关注契约形成和实施过程中当事人利益关系的协调也就是为获得有效的结果必须采取的对交易过程的治理机制。交易过程中的风险来自当事人的有限理性和环境的不确定性，而治理机制的选择主要依赖当事人的权益的保障和交易的风险。由于治理交易的契约形式是不完全的，当事人对未来收益的预期存在违约的可能性，因此只有采取有效的权益保障机制才能实现交易的稳定。所以，交易过程中的风险防范和权益保障机制有效性的结合决定了治理机制的运行机理。但是，大多数交易或多或少都存在着一定的风险。在农村土地承包经营权流转过程中，交易的风险性相对更大。由于农地交易市场不健全，农地交易价格不客观，都会导致交易成本过高，导致农户在农地流转的过程中处于弱势地位，损害农户的土地权益。因此，建立公正、合理的价格评估机制降低农地流转中的交易成本、提高农地资源的配置效率是农地流转发展的关键。

2.3 理论分析框架

现实中的农地流转并不是一种纯粹的市场行为，而是蕴含在特殊的国家、村委会和农户关系之中的。本书认为，如何将农户、村委会和政府在农地流转中的行为有效地结合起来，建立共同的利益驱动机制是推动农地流转的核心问题。鉴于此，本研究利用理论与实证分析工具，对农地流转中农户、村委会和政府行为选择机理进行了解析，并构建了关于农地流转利益相关主体行为研究的理论分析框架。（图 2-1）

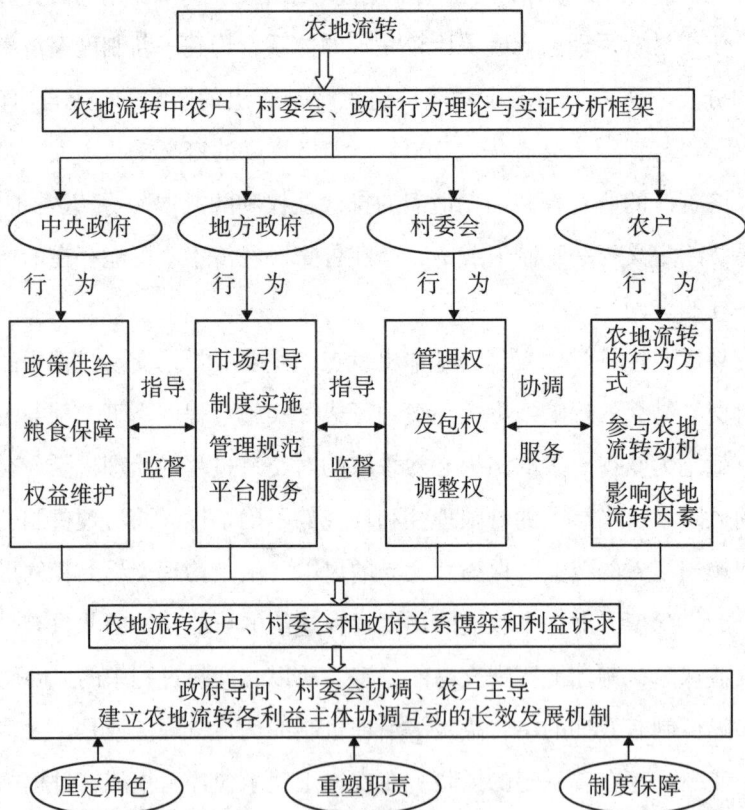

图 2-1　理论框架图

3 我国农地流转特征、问题及影响因素

随着我国经济的迅速发展，给农地适度规模经营的实现创造了良好的外部环境。中央政府通过各种政策的导向推动农地的持续发展，地方政府也结合本地实际探索了形式多样的农地流转模式，进一步推动了农地适度规模经营，促进当地农村经济社会的发展。与此同时，农地流转的过程中也存在着一些现实的状况及制约因素，需要我们在充分认知的基础上进一步解决面临的问题。

3.1 我国农地流转的特征

3.1.1 农地流转趋势不断加快

实行家庭联产承包责任制以后，一些农户因缺少劳动力而将责任田转包给其他农户，出现了最初的土地流转，这是一种零星的、分散的流转，流转规模相对较小、数量较少、范围较窄。自 20 世纪 80 年代后期开始，大批农村劳动力离开土地流向城镇，农地流转逐渐成为农户自发进行的、避免土地撂荒的选择。2003 年以来，《农村土地承包经营法》的出台及相关政策的保障，推动了农地流转呈快速增长势头。2016 年比 2012 年流转面积增长了 1.69 倍，共计增长 0.128 亿 hm^2，农地流转面积占家庭承包耕地总面积也首次突破 35%，达 35.1%。总体而言，虽然农地流转面积和涉及的农户数都在不断增加，但农地流转的面积占家庭承包耕地总面积比重仍然偏低，还处于发展阶段。

表 3-1　全国农地流转面积与比例（2012—2016）

	流转面积 （亿 hm^2）	比上年增幅 （%）	占家庭承包耕地 总面积比例（%）	比上年提高 比例（%）
2012	0.185	18.4	21.5	3.7
2013	0.234	20.9	25.7	4.2
2014	0.268	12.7	30.4	4.7
2015	0.298	10.1	33.3	3.1
2016	0.313	4.8	35.1	2.2

3.1.2　农地流转区域间差异显著

随着农业现代化进程的加快，农地规模流转在全国范围内展开。但由于国内各地域的地理环境、经济发展水平、地方政府偏好等差异，使地域间的农地在流转规模、流转速度、流转形式等方面表现出显著性差异。早期农村土地流转主要发生在经济比较发达、农民有较多的非农就业机会和稳定的其他产业收入的东部地区，这些地区的农民对土地的依赖性相对较小。近年来，随着经济的发展和产业结构的调整，农地流转的区域不断向其他地区扩展，但经济发达地区农村土地流转的比例仍然高于经济欠发达地区，南方和东北地区高于华北和西北地区，城郊高于边远乡村，劳务输出多的地区农村土地流转的比例也相对较高。以 2000 年为例，东部地区农户转入和转出耕地面积分别是 $0.012hm^2$ 和 $0.014hm^2$，中部地区分别是 $0.04hm^2$ 和 $0.02hm^2$，西部地区分别是 $0.007hm^2$ 和 $0.008hm^2$，东部地区农户转入和转出耕地面积低于中部地区，但略高于西部地区。从农户耕地经营规模看，2000 年，东部地区农户年末经营耕地面积是 $0.271hm^2$，分别比西部和中部地区经营规模小 $0.215hm^2$ 和 $0.411hm^2$。从农户农地经营规模和耕地流转行为趋势看，无论是区域还是农户本身，农地流转的总体规模呈扩大趋势。从农户农地经营规模和耕地流转行为发展的趋势看，不管是农户耕地转包入还是耕地转包出，无论是东部地区还是中西部地区，农户耕地流转规模总体上呈现不断扩大的趋势，农户耕地流转规模在不断扩大的同时，流转速度也有加快的趋势。其中，农户耕地转入面积要略大于转出面积，这种现象在中部地区表现尤为明显，而西部地区转出面积则超过转入面积。在农户耕地经营规模变化趋势方面，东、中地区农户耕地经营规模在整体上呈现上升趋势，而西部地区下降较为明显。

截至 2015 年底，耕地流转面积占耕地承包面积比重较大的前 8 个省（市）分别是：上海 71.5%、江苏 58.4%、北京 52%、黑龙江 50.3%、浙江 48%、安徽 40.1%、重庆 39.7%、河南 37.1%。从数据中可以看出，经济发达地区流转规模要大大高于经济落后地区。排名前 3 的都集中在经济比较发达的区域，其中上海耕地流转比例最高，达到 71.5%，比全国高出 36.7%。

表 3-2 东、中、西部地区的农地经营规模（2000—2009）

| | 全国 | | | 东部 | | | 中部 | | | 西部 | | |
	经营耕地	转包入	转包出	总	转入	转出	总	转入	转出	总	转入	转出
2000	7.44	0.32	0.24	4.06	0.18	0.21	10.23	0.60	0.34	7.28	0.11	0.12
2001	7.63	0.37	0.22	4.61	0.19	0.16	10.45	0.69	0.34	7.51	0.13	0.14
2002	7.56	0.44	0.22	4.50	0.14	0.18	11.06	0.94	0.32	6.57	0.13	0.15
2003	6.95	0.43	0.30	4.35	0.15	0.29	10.10	0.85	0.36	5.99	0.23	0.25
2004	7.34	0.45	0.27	4.41	0.18	0.20	10.91	0.89	0.39	6.02	0.18	0.20
2005	7.32	0.46	0.29	4.32	0.19	0.25	11.03	0.93	0.40	6.00	0.17	0.19
2006	7.32	0.56	0.35	4.23	0.23	0.30	11.02	1.13	0.49	5.89	0.18	0.24
2007	7.22	0.63	0.40	4.51	0.32	0.28	10.80	1.26	0.66	5.82	0.19	0.21
2008	7.16	0.54	0.49	4.30	0.29	0.33	10.74	1.03	0.82	5.93	0.18	0.26
2009	7.16	0.68	0.47	4.52	0.35	0.34	10.57	1.29	0.74	6.06	0.28	0.29

3.1.3 农地流转形式多样化

我国农地流转形式趋于多样化，农地流转市场逐渐发育、活跃。当前我国农地流转的主要形式包括土地承包经营权转包、出租、转让、互换、出租、入股、抵押等形式，其中出租和转包的方式占主导地位。截止到 2017 年 6 月底，我国农地转包、出租、互换、股份合作、转让流转方式分别占流转比重的 47.5%、35%、5.8%、5% 和 3.0%；另有 4.8% 的耕地通过临时代耕等其他方式流转。

转包是指原承包方将其土地使用权在承包期内，以一定的条件转交给本集体经济组织内部的其他农户从事农业生产经营。转包后原土地承包关系不变，原承包方继续履行原土地承包合同规定的权利和义务。在这种方式下，新的承包人不与土地所有者发生直接经济关系，双方根据经济、技术和社会条件签订的转包协议，确认双方的权利和义务。在流转市场上，这种流转形式的期限相对比较宽松，只要不超过承包者使用权的剩余时间即可。这些农民多数是已找到其他谋生的方式，不再以土地作为主要生存的根本方式，通过转让土地使用权保留承包权，一方面可以获得一份多余的经济收入，另一方面留有余地，如果失去非农就业岗位，仍有土地作为生活支撑的最后保障。这种流转形式在一定程度上减少了农村土地大量抛荒现象，也扩大了农户连片种植的积极性。从全国情况看，2017 年 6 月农地转包面积达 1540 万 hm^2，占土地流转总面积的 47.5%。

转让是指承包方将土地承包经营权转给其他农户或组织从事农业生产经营，受让对象可以是本集体的农户，也可以是本集体之外的单位和个人。转让与转包的区别在于：转包由承包方自主决定，不必经发包方同意，只需向发包方备案，原承包方与发包方的承包关系不变，转包期限届满后，原承包方仍享有该土地的承包经营权；而转让则不同，转让应当经发包方同意，转让后，原承包方在该土地上的承包经营权终止，由受让方与发包方重新签订土地承包合同，从转让之日起，原承包方不再享有该转让土地的承包经营权。2017 年 6 月全国土地转让面积达 95.8 万 hm^2，占土地流转总面积的 3%。

入股，又称股份合作经营，指在农户自愿联合的基础上，承包方将土地承包经营权量化入股组成股份公司或合作社，收入按经营效益的高低确定。股份合作克服了转包、转让等农地流转形式的局限性，使农地流转和土地规模经营长期化，坚持了地权均等的原则。代理人是否遵守委托人的规则，取决于代理人的收益——成本分析。土地股份制的特征是：一是农民将土地的使用权折价入股，自己拥有了股权，实现了股权与物权的分离；二是农民凭股份分享公司红利，相对于农民直接得土地租金而言，这种将农民收益与股份公司的土地收益连接起来的方式更具有风险性和灵活性，有利于大规模流转的优势，因此逐渐成为土地流转市场的主要方式。2017 年 6 月，全国采取土地股份合作制流转的农地面积大约有 160 万 hm^2，占土地流转总面积的 5%，比 2016 年底减少 1%。

出租是指农户将承包期内的农地以一定期限租赁给本村以外的经营户或企业从事农业生产经营。这是一种较规范的市场行为，交易双方签订协议，确定租赁农地的面积、使用保护、租金及双方的权利义务等。土地出租后，原土地承包关系不变，原承包方继续履行原土地承包合同规定的权利和义务。2017 年 6 月全国租赁农地面积 1160 万 hm^2，占土地流转总面积的 35%，仅次于转包，比 2010 年增长 25.4%。

互换，是农户之间为了耕种的方便或种植结构调整的需要，将农地的承包经营权和原农地合同约定的权利义务互换的行为。互换能够改善农地的零星分散，为农地的适度规模经营创造良好的条件，并不得妨害第三人或者集体组织的利益。在互换流转土地承包经营权外，农户为达到生产经营目的，可依法对已享有的承包经营权进行以入股的方式参股合作生产，按股份获得利润或红利。2017 年 6 月，全国互换农地面积 186 万 hm^2，占土地流转总面积的 5.8%，比 2016 年底增长 7.5%。

3.1.4　新型农业经营主体流转比重不断增加

随着市场经济的发展和农地流转形式的多样化，新型农业经营主体的比重在不断增加。目前，农地流转的参与主体不仅仅局限于农户与农户之间。从各地实践看，土地适度规模经营的形式多种多样，除依托合作社、龙头企业、协会等服务组织提供不同形式的社会化服务，使分散农户在一些生产经营环节实现规模经营外。并且可以在农户自愿前提下，通过土地的互换解决土地细碎化问题，实现承包地的连片经营；通过农户承包地相互间的流转，发展专业种植大户、家庭农场，实现家庭经营规模化的发展；通过农户土地入股，组建土地股份合作组织，开展农业合作生产；通过工商企业租赁农户承包地，直接从事土地的规模经营。土地适度规模经营参与主体包括各种企业、家庭农场、种养殖大户、科研单位、政府机构、城镇居民等，流转的形式有转包、入股、出租等方式。截至 2016 年底，在全部流转耕地中，流转入农民专业合作社的土地面积达 689.4 万 hm²，占到全国耕地流转总面积的 22%，比 2015 年上升 0.3 个百分点；流转入企业的占 9.8%，比 2015 年上升 0.87 个百分点，流入其他主体的面积达 331 万 hm²。相比之下，流转主体仍以农户之间的流转为主，达 59.5%，比 2015 年提高 0.9 个百分点。截至 2016 年年底，经营规模 50 亩以下的农户仍然有近 2.6 亿户，其中绝大多数户均 5 亩左右，各类新型农业经营主体超过 290 万家，家庭农场 87.7 万家，农民合作社 188.8 万家。

3.1.5 大宗农地流转期限延长

近年来伴随着农民专业合作社、龙头企业等规模经营主体以租赁、入股方式的参与，一般单宗流转面积大，多在 3.3~6.6hm² 以上的流转当事双方都签订了较为规范的具有法律约束力的书面合同和协议，因此受法律保护的流转期限都比较长。调查发现，流转年限在 21~30 年之间的土地最受市场欢迎，占样本数的 29.96%（关艳，2011）。然而作为农地流转主力军的农户相互之间转包的期限依然较短。学者们在合肥市 7 个县（区）的调查发现，农户多倾向于短期转出农地，其中未约定流转期限和约定期限为 1 年的农户占被调查农户的 57.5%（毛飞和孔祥智，2012）。外出务工农户从事的行业主要集中在建筑业、加工制造业等技术含量较低的工作。由于对工作的稳定性缺少预期，外出务工者更希望保持一种弹性的土地流转时间与方式，以使得自己回村的时候随时可以收回土地。所以大多数农地流转的期限都很短，超过 10 年的数量非常少。一部分农户私下流转，在流转时效上心存顾虑，出现一年一租现象；有的转入户顾虑重重，缺乏长期经营和规划的打算，经营一年算一年，也加剧了短期转包行为。农业投资具有长期性的特质，进行农田水利设施建设，改善农业基础生产条件，都需要大量的投资，经历相当长的时间才能获取效益。对于农户而言，因对土地的过分依赖，不愿意将安身立命的生存资料作为资本进行长期投入。农业开发面临的自然和市场的双重风险，导致农民弱化了对土地收益的预期，流转期限过短，造成有实力的经营大户、龙头企业、民营企业家不愿参与土地流转，从而在一定程度上制约了农地的规模经营。

3.1.6　农地流转市场初步建立

近几年，一些地方随着农地流转数量和规模的日益扩大，逐步建立了农地流转市场。各地政府也采取形式多样的投资、就业、补贴等政策加大对农地规模经营的扶持力度。据原农业部有关统计，截至 2015 年底，全国已有 1231 个县（市）、17826 个乡镇设立了土地流转服务中心，涵盖了全国约 43% 的县级行政区划单位。就全国农地流转市场的建立来看，农地流转市场平台在一些地区尚未建立起来，有些地区虽然建立流转市场，但服务能力较弱，在流转信息的收集和发布，农地流转的合理定价等方面做得还不够。

就全国整体农地流转情况而言，是健康平稳的。随着城市化进程的不断加快和现代农业建设不断推进，农地流转呈逐步发展态势。但受农村人口大量稳定转移和农村社会保障体系建设的制约，目前大多数农村还不具备大规模流转的条件，流转市场的培育、规模经营的发展是一个渐进的过程。

3.2　当前我国农地流转存在的问题

3.2.1　农地流转行为规范化程度不高

我国相关法律对农村土地承包经营权流转的主体、方式、流程等做了明确规定，按照依法、自愿、有偿的原则，健全土地承包经营权流转市场，引导农民依法通过转包、转让等形式进行土地承包经营权流转，以确保农村土地承包经营权流转规范有序。但在政策支持和法律明确规定的情况下，农村土地承包经营权流转行为不规范的现象仍大量存在，主要体现在：

一是流转主体不规范。农户是农地流转最基础的主体，但现实农地流转中地方政府或村委会利用农地产权界定的模糊性，往往代表农户处置集体土地，包括和当事人签订租赁、买卖和承包合约，从而剥夺了农户的主体地位，损害农户的合法权益。二是流转合同不规范。当前，不少农民主要是通过口头协议将农地进行流转，签订书面合同的农户并不多。已签订流转合同的，往往只是就租金和年限予以界定，对流转双方应该承担的权利和义务没有明确说明，有的农户签订流转期限甚至超过承包期的剩余期限。正是流转双方的权利义务不明确，违约责任不确定，承包地上的附着物处置、有关补偿条款等缺乏明确规定的存在，导致合同中对流转双方维权不利的现象还普遍存在。还有很多流转行为和流转合同需要登记和备案，但很少有农民进行登记或备案，不仅容易导致农村集体组织监督管理的缺失，还使得双方当事人很难维护自身的合法权益，容易滋生更多的矛盾纠纷。2016年底，全国流转出承包耕地的农户为6728.04万户，占家庭承包农户总数的24.7%，签订流转合同5064.95万份，流转合同涉及耕地面积3.26亿亩，占流转总面积的69.36%，流转合同签订率达68.2%。从上述数据我们看出，仍有相当部分的农地交易并未签订流转合同，或签流转合同但不规范，因手续不规范等引起的土地经营纠纷时有发生。三是流转运作不规范。当前，我国农地流转市场体系尚不完备，多数农村土地承包经营权流转不是通过流转市场进行的，而是在亲戚、朋友、邻居等之间自发、盲目地进行，流转双方没有按照规定履行必要的手续。不少地方的农地流转都是农户私下里进行的，由于缺乏市场的运作和监督，农地流转的纠纷逐年上升。

3.2.2 农地流转仲裁机构不健全

农村土地承包经营权流转的中介组织或服务机构还不健全，许多地方尚未建立起完善的农村土地流转管理机构，缺乏对流转的有效管理、引导和服务，农村土地承包经营权流转纠纷时有发生，流转收益受到侵害的事也屡见不鲜。例如，有的地方中介组织或者服务机构不完善，导致流转信息产权渠道不畅，流转中存在的流转范围窄，土地利用率低等问题，制约了农村土地承包经营权流转。有的地方尽管建立了中介组织或服务机构，但对流转风险防范、流转双方的激励和约束、纠纷调解仲裁等一系列规定还不规范，导致农民的利益容易受到侵害。农地流转纠纷主要反映在以下领域：农村土地流转后，接受流转土地的农业经营主体可能因资金周转困难或管理不善等因素导致土地闲置，不能按期向流转农户兑现流转费用而导致的纠纷；农村土地流转后，接受流转土地一方不按照约定变更流转土地的用途，流转农户因此要求返还土地所导致的纠纷；由于流转地域的环境、地价因时间或其他一些因素发生变化，致使原有约定的流转权利义务无法体现公平，流转方要求终止或重新约定流转内容的纠纷。

《农村土地承包法》相关规定指出，当承包方和承租方因土地承包经营权产生纠纷时，可以双方协商解决，也可以求助村委会出面给予调解，如果不能达到效果时，可以提交法院进行仲裁。随着农地规模经营的进一步加快，农户流转农地的比率不断增加，随之而来的是农地纠纷频繁出现。对于村委会而言，在人员、经费都相对有限的前提下，很难抽出精力去应付流转纠纷，导致大量纠纷直接提交到法院仲裁。由于法院缺乏一套规范化的处理土地流转纠纷的解决机制，加上各类案件数量多，相对很难在第一时间处理农地纠纷的案例，多是纠纷发生后再去处理，很少能做到建立矛盾纠纷排查预警机制，会对农村流转的正常运行产生阻碍，从而一定程度上影响了农村社会的稳定。据相关部门统计，2010 年 1 月至 2017 年全国省（区、市，不含西藏）县乡两级农村经营管理机构和市县两级仲裁委员会，平均每年受理农村土地承包经营纠纷 30.43 万件，累计 212.99 万件，其中乡村调解 175.49 万件，仲裁 15.45 万件。从纠纷类型看，土地承包纠纷仍占多数，流转纠纷数量呈逐年递增态势。

3.2.3　流转农地非粮化倾向明显

十七届三中全会《决定》指出，粮食安全任何时候都不能放松。相对于经济作物而言，粮食作物的价格不高，农户种植粮食的比较效益较低。因此种植粮食作物的农地发生流转后，大多被转入的农户或经营组织改种经济作物，从而导致农地的"非粮化"。从国土资源部公布的每年土地利用变更调查情况看，我国人均耕地不足 1.4 亩。造成耕地减少的原因主要有建设占用、生态退耕、农业结构调整和自然灾害损毁。其中，生态退耕和农业结构调整是造成近年耕地面积快速减少最主要的原因。而造成农业结构调整的原因则主要是农村土地承包经营权流转后用于种植业的土地转向其他农业产业。2016 年农户流转出的承包耕地中，用于非粮食作物的面积达到 0.138 亿 hm^2，比 2015 年高出 5 个百分点，比 2012 年高出 39%。一些地方政府监督检查不严，对改变土地农业用途的违法行为疏于管理，甚至出现政府行为失范，由政府主导将农用地变成市政公园、湿地、开发区、建设用地等。这些大都是以农户被迫低价出让土地承包经营权为代价，整个流转过程中会产生改变耕地性质的违法行为。还有一些工商企业下乡向农户租地，以及农户以土地承包经营权入股成立合作社或者公司后，大片基本农田发展多种经济经营而不再种植粮食。

3.2.4　农地流转市场化程度较低

我国农村土地流转市场虽然已经初步形成，但由于相关配套服务跟不上，尚未形成市场化的农地流转运作机制，导致农地流转市场化程度不高，农地流转发展滞后。农地流转中的土地收益分配问题是决定农地流转运作模式能否稳定运行的关键。由于农地收益分配关系没有理顺，缺少理论依据和实践经验，也缺乏统一的规范，因此农户作为县、乡、村利益分配链中的最后一环，合法权益很难得到保障。如有的基层政府根本没有贯彻农地流转的政策和文件，依靠对农村土地的管辖权截留了相当一部分农地流转的收益，或者以建设开发区、示范园区或设施农业的名义，强行收回农民的承包地或低价征收征购农民的土地，使农户利益严重受损；而作为集体土地所有者的村委会既是农地流转的利益主体又是农地流转的监督管理主体，为了实现自身利益最大化，也会强制或变相推行农地流转，如没有经过撂荒农户的同意，擅自将其撂荒的土地转给第三方经营，或者未经村民代表大会通过，直接充当农地流转主体，将集体土地和"四荒"地出租出去，从中获取利益。导致农地流转的收益分配出现了明显的不合理，应从农地流转中获得最大收益份额的农户，在实际的农地流转中只占了收益的小部分，既背离了农地流转增加农民收入的初衷，也不符合现行土地承包法关于"承包期内，发包方不得单方面解除承包合同，不得假借少数服从多数强迫承包方放弃或者变更土地承包经营权，不得将承包地收回抵顶欠款"和"土地流转的收益归承包方所有，任何组织和个人不得截留、扣缴"的基本要求。

3.3　制约我国农地流转的因素探析

解决我国农地流转中存在的现实问题，合理的选择应该是在长期稳定家庭联产承包责任制的框架下实现农地使用权的合理流转。目前在政策机制上已基本解决了农地使用权流转的障碍，但农地流转市场仍处于起步阶段。因此，深入系统地分析制约农地流转影响因素，对解决我国农村土地中存在的瓶颈，扩大农地经营规模，提高土地利用效率具有重要意义。

3.3.1　土地产权制度不明晰

我国现行土地承包经营权流转制度的首要不足即土地产权制度不清晰。在当前的农地产权中，土地的产权主体模糊不清：一是土地所有权主体的多层次性。从法律规定来看，农民集体土地产权主体主要有四种：村级农民集体经济组织、村民委员会、村民小组以及乡镇农民集体经济组织。虽然《宪法》规定"土地村民集体所有"，但是"村集体"这个土地所有权的主体设定是不清晰的。按《土地管理法》规定，农民集体所有的土地由村集体经济组织或者村民委员会经营、管理。但如何区分"农民集体""农民集体经济组织"和"村民委员会",法律规定并不明晰。目前我国土地集体所有制的产权是虚化的,经常由村委会干部行使,依附在土地所有权上的各种权利、利益,也模糊的归村委会或乡镇政府所有,给基层政府的合理寻租占用农村土地留下较大的权力空间。二是农村土地承包经营权的性质不明确。我国学界对农村土地承包经营权的性质存有争议,主要有物权说和债权说。学术界认为农村土地承包经营权是一种物权,如农村土地承包经营权性质上属于物权,属于物权中的他物权,属于他物权中的用益物权,且是一种新型的用益物权。但现阶段,无论是理论上还是立法实践上,都存在未将其彻底物权化的问题。持债权说的学者认为,"联产承包合同,属于债权关系,基于联产承包合同所取得的土地承包经营权,属于债权性质",并且认为"目前的土地承包经营权具有债权性质,并不是因为'承包经营'是一个典型的债的关系术语,而是根据其据以存在的现实法律关系的内容与特点,进行深入分析之后所得的结论"。虽然我国《物权法》基本上确定了农村土地承包经营权的物权性质,但仍然没有将农村土地承包经营权的内容法定化,这就使得实践上起主导作用仍然是债权说,农村土地承包经营权的具体内容仍然由承包合同来约定。

3.3.2 农地流转相关法规不完善

自20世纪80年代末期开始,中央政府就开始积极探索农地的合理有效流转,从政策层面积极推动和规范土地流转。2008年10月十七届三中全会更是明确提出"建立健全土地承包经营权流转市场,按照依法自愿有偿原则,允许农民以转包、出租、互换、转让、股份合作等形式流转土地承包经营权"。但是,农地流转不仅需要政策层面的规范和保障,更需要法律层面的约束和支撑。我国现行法律体系尚未建立专门的农地流转中央立法,大部分地区也没有建立土地流转的地方规章。虽然我国《宪法》《民法通则》《土地管理法》《农业法》和《物权法》都有一些规定,但诸多规定过于笼统,缺乏操作性,导致地方政府出现有法难依的现象。并且不少地方的农地流转带有明显的自发性、盲目性与随意性,导致农地流转目标的非效率性、农地流转价格的不确定性、农地流转内容的不完整性以及农地流转格局的不稳定性。土地纠纷也日渐增多，侵权行为时有发生，司法机关及有关行政部门在处理此类问题时常常感到无章可循。因此，要求尽快修订《土地管理法》，制订出促进农民承包土地和集体建设用地流转的具体实施细则和办法。

3.3.3 农村社会保障体系滞后

在我国农村，土地作为最基本的生产要素具有很强的社会保障功能。当前，我国的社会保障体系覆盖范围过于狭窄，农村的养老、医疗、社会救助等社会保障体系尚不健全，与农地资源仍承担较为沉重的社会保障功能有关。从覆盖面看，城镇已达 91%，而农村只有 2%。从社会保障的支出看，根据现有数据，占全国 80% 左右农民的社会保障费支出占全国保障费总支出的 11%，而占人口不到 20% 的城镇居民社会保障费支出占总支出的 89%，可以看出农村与城市人口享受的社会保障待遇不平等。近年来随着国家财力的增长，国家为农村合作医疗等方面也提供了资金、技术、人员等的支持，但由于我国实行的是城乡分割的二元社会保障制度，农村的经济发展水平又远远滞后于城市，农民对于农地流转存在后顾之忧，怕丧失土地经营权之后缺少就业后路。因此，在土地的功能发生重大变化之前，在国家建立健全的农村社会保障体系之前，农地流转很难活跃起来。

近年来，大规模进入流转市场的土地多数是非耕地或者经济发展水平高的地区。此类农地对农户提供社会保障功能较小，农户预期收入也低，较为自由地进行流转。相对而言，经济发达地区的农民从事二、三产业的机会多，非农收入占总收入的比重较大，土地对他们的保障功能相对弱化，进入市场流转的机会更多些。近年来随着我国城市经济的高速发展和农业比较受益的下降，进城务工从事二、三产业以增加收入的农村剩余劳动力越来越多，但农地流转却没有随着农村剩余劳动力的转移而大规模流转，主要在于土地对农民承担着最后的保障功能。据叶剑平的中国农村土地流转市场的调查研究，基于 17 个省的调查结果表明，靠土地生存的河北占 57.87%，安徽占 87.62%，陕西占 69.54%，四川占 45.43%，浙江占 50.95%。将土地作为保障的，河北占 29.65%，安徽占 8.79%，陕西占 26.69%，湖南占 34.59%，四川占 45.43%，浙江占 37.23%（叶剑平等，2008）。

3.3.4 非农收入的不稳定性

我国实行的是以城市利益为导向的工业化发展政策，城乡之间因二元就业政策和二元劳动力市场存在严重的壁垒，农民无法拥有与城市居民平等的就业机会。农村劳动力整体素质不高，文化程度较低，缺少专业化技术，农村富余劳动力外出打工大多是从事一些简单的体力劳动。农民非农就业主要是在民营企业，由于民营企业受经济利益导向，受宏观经济波动影响较大，稳定性相对较小，对农民工的裁员也具有随意性，而且多数农民工外出务工都是亲自外出或亲友介绍，很少是由政府组织外出，就业有很大的盲目性，流动性大，随意性高。外出打工一旦受到阻碍，流出的农村劳动力就会面临回归，但土地流转后的人地之间的矛盾就会凸显出来。这一切都导致农民在外出打工时非农收入极不稳定，当处于阶段性失业时，种地仍是农民的首选谋生之计。因此，农户一般不愿意大规模、长期性的进行土地流转，多数选择暂时进城务工时将土地分散、短期的流转出去，导致我国农地使用权的流转零碎且不稳定。在重庆城乡统筹试验区的调查发现，如果有较高的稳定的非农收入，有超过 50% 以上的农民愿意放弃土地，将土地流转出去；如果将享受社会保障等配套措施一起使用，愿意流转土地的农民比例还能增加 20% 左右。

3.4 本章小结

本章主要就我国农地流转发现的现状及特征进行了描述。当前，我国的农地流转的特征主要呈现在以下几个方面：一是农地流转趋势不断加快；二是农地流转区域间差异显著；三是流转形式多样化；四是新型农业经营主体流转比重不断增加；五是大宗农地流转期限延长，但农户间转包期限依然较短；六是农地流转市场初步建立。接着阐述了当前农地流转还存在着流转行为规范化程度不高、仲裁机构不健全、流转农地非粮化倾向明显、土地流转市场化程度较低等问题，并从土地产权制度、流转法规、社会保障体系和非农收入等方面探讨制约农地流转的因素。解决我国农地流转现实中存在的问题，合理的选择应该是在长期稳定家庭联产承包责任制的框架下实现农地使用权的合理流转。目前在政策上已基本解决了农地使用权流转的障碍，但农地流转市场仍处于起步阶段。

4 研究区域农地流转概况与样本特征

4.1 X市区域与农地流转概况

4.1.1 X市区域概况

X市位于H省西北部，辖3个市辖区，3个县，代管3个县级市，设有3个开发区。全市共有78个乡（镇）、27个街道办事处、2317个行政村、438个社区居委会。总面积1.9727km^2，占H省版图面积的10.6%，总人口605万，其中农业人口380万，现有耕地45.22万hm^2，耕地面积占全国的0.34%。2017年X市粮食生产总量500.2万T，占全国粮食总量的0.84%，列全省第一。全市地区生产总值达到4064亿元，比2016年增长7.2%，地区生产总值位居H省第二；规模以上工业实现增加值比2016年增长6.2%；社会消费品零售总额1481.9亿元，增长11.8%；固定资产投资3675.3亿元，增长15.3%；外贸进出口总额22.4亿美元，比上年增长16.5%。2017年全年粮食播种面积76.85万hm^2，比上年增加0.82万hm^2，增长3.96%。2017年X市城镇常住居民人均可支配收入31316元，农民人均可支配收入16005元。

4.1.2 X市土地流转概况

2016年底，X市家庭承包耕地流转总面积58418hm^2，占家庭承包耕地面积的14.7%，农地流转涉及农户106789户、382393人，占全市农村总人口380万人的10.06%。

4.1.2.1 流转方式多样化，以转包和出租方式为主

表 4-1 X 市农地流转主要形式

年度	家庭承包经营耕地面积	农户家庭承包土地流转总面积（hm²）						
		合计	转包	转让	互换	出租	入股	其他
2014	404586	12136	7693	1651	759	1850	9	173
2015	397350	35889	17848	7645	5311	61041	316	699
2016	398336	58419	29725	7958	8546	157136	240	1473

从形式看，X 市农地流转以转包、出租两种方式为主，转让、互换、入股三种形式为辅。以 2016 年为例，流转土地按流转形式划分：转包 29724.8hm²，占 50.88%；出租 10475.7hm²，占 17.93%；转让 7957.9 亩，占 13.62%；互换 8546.1hm²，占 14.63%；入股 240.1hm²，仅占 0.41%，其他形式 0.15 万 hm²，占流转面积 2.5%。从数据我们可以看出，转包和出租占据流转农地总面积的 68.86%。转包和出租之所以成为农民流转土地的优先选择，主要是在稳定经营权的同时，还能够让农民得到相对稳定的经济收入，因此容易被农民接受和认同。

4.1.2.1 流转区域扩大，参与主体多元化

从流转的区域范围来看，流转进农户的面积达 4.74 万 hm²，占流转总面积的 81.2%，一般农户倾向于在行政村这一区域范围内完成土地的转入。流转入专业合作社的面积 0.23 万 hm²，占流转总面积的 3.9%；流转入企业的面积 0.59 万 hm²，占流转总面积的 10.2%；流转入其他主体的面积 0.28 万 hm²，占流转总面积的 4.7%。相对亲缘关系而言，这些无特殊关系的承租者正在成为农地流转中一股强劲的新生力量。他们主要从事一些特色产业和优势产业，经济效益好，市场前景广，带动能力强，土地流转租金较高，农民愿意将土地流转给他们。

4.1.2.2 流转年限以短期居多，中长期相对较少

流转年限主要集中在 1—10 年之间，10 年以内的 42581.3hm²，占

72.89%；10—20 年的 7606.1hm², 占 13.02%；20 年以上的 8231.2hm², 占 14.09%。短期流转主要发生在本集体内部农户与农户之间以私下协商的方式进行，中长期流转主要在集体外组织和种植经营大户承租土地时发生。这些数据表明现阶段农户对土地政策的稳定性、对农地流转需求方生产经营能力的不确定性等存有顾虑，并且受收入保障、生存能力及未来发展预期等方面的影响，依然把土地作为安身立命的基本生活资料。一些农户即使外出务工、经商或其他原因流转出自家的土地，但从内心而言，土地在他们心中的价值是不可替代的，不愿意将承包经营权长期流转，仍将土地作为基本生活保障和农业外就业的最后退路。

4.1.2.3 流转价格偏低，租金确定方式具有差异性

从发生流转农户的行为来看，农地流转价格整体偏低，价格机制没有体现市场价值。发生在农户之间的土地流转，租金一般在 0.3 万元 /（年 .hm²）左右，甚至不少农户转入土地是无偿的，不需要交纳任何租金。城郊、交通便利的村组，适合规模性土地流转，租金一般在（0.75–0.9）万元 /（年 .hm²）之间，这部分农地流转租金的确定方式主要是由村委会统一协调而达成的。

4.1.2.4 流转合同约定形式简单，规范性仍需提高

农户流转土地的约定形式既反映了农户流转农地行为的约束方式，也反映了农地使用权流转的契约化程度。我们在实地调查发现，大多数农户转入土地是以口头形式约定的，仅有少数的农户采用的是书面协议约定。当农户转入土地数量较大时，倾向于采取书面形式约定，当转入数量较少时，往往以口头形式约定。在转出协议中，书面协议则占据了主要部分。签订正式合同一方面能够使农户的合法权益得到法律保障，另一方面，也为了避免今后可能因农地利益而带来的纠纷，所以通过契约的方式进行流转就显得顺理成章了。

4.2 样本县基本概况及流转概况

在样本县的确定上，本研究在 X 市确定 F 区、L 市和 G 县为样本县，

三地的地理位置、地形、地貌、社会经济发展状况以及土地资源禀赋情况有较大差异。因此，以这三个县（市）为样本县，既可以基本反映 X 市情况，同时也利于进行相互间的差异比较分析。

4.2.1　样本县地理、经济、资源状况

4.2.1.1　样本县地理状况

根据 X 市地势，我们划分为三大地形区，东部、中部、西部分别为丘陵、岗地、山地，约占 X 总面积分别为 20%、40%、40%。地貌特征：东部为低山丘陵，面积 1000km^2，约占全市总面积的 20%，海拔多在 90~250m 之间。丘陵以低丘为主，也是重要的粮棉产区。西部山区覆盖面积 8000 多平方公里，约占全市总面积的 40%。中部区域属岗地平原，面积 8000 多平方公里，约占全市总面积的 40%。

本研究确定的样本县 F 区、L 市和 G 县，在地理位置分别位于 X 市的东部、中西部和西部区域，从地形地貌上分别代表丘陵、岗地、山地三种地形区。

4.2.1.2　样本县社会经济状况

表 4-2　2016 年样本县农村社会特征

单位	基层组织			农户及人口情况				总人口数（万人）	常年外出劳动力
				汇总农户数（万户）					
	乡镇	村	小组	纯农户	农兼业户	非农兼业	非农户		
F	2	87	693	3.55	0.87	0.28	0.1	18.28	4.52
L	10	223	1601	5.85	0.83	0.37	0.15	30.17	5.35
G	12	283	1277	7.7	2.03	1.29	0.9	44.29	9.58

表 4-2 显示，从社会特征看，G 县属于典型的农业大县，辖 2 个开发区、10 个乡镇、283 个村，1227 个村民小组，11.92 万个农户，农业人口 44.29 万人。F 区是一个典型的以城带乡型城区，辖 T、N 镇和 8 个街道办

事处（其中 S、W 属涉农办事处）。全区共有 87 个村，693 个村民小组，4.8 万个农户，农业人口 18.28 万人。L 市是农业和工业兼容的县级市，共辖制 1 乡、7 镇和 2 个办事处，223 个村，1601 个村民小组，7.2 万个农户，农业人口 30.17 万人。

经济社会状况看，2016 年 G 县生产总值 310 亿元，年均增长 8.9%。城镇常住居民人均可支配收入 27428 元，年均增长 11.8%；农村常住居民人均可支配收入 14169 元，年均增长 13.6%。2016 年 L 市完成地区生产总值 317.5 亿元，按可比价格计算增长 9%；完成固定资产投资 284 亿元，增长 18.5%；城镇居民可支配收入 28905 元，增长 9.9%；农民常住居民人均可支配收入 15805 元，同比增长 8.2%。2016 年，F 区地区生产总值达到 550 亿元，年均增幅 10.8%；城镇居民人均可支配收入达到 30965 元，年均增幅 10.34%；农村常住居民人均可支配收入达到 15564 元，年均增幅 11.6%。

表 4-3　2016 年样本县农村经济特征

单位	农民所得总额（万元）	农民人均可支配（元）	农民外出劳务收入（万元）	农业收入（万元）		
				合计	种植业	其他
F	142127.38	15564	36481.96	116253.98	110827.37	5426.61
L	236004.61	15805	63613.94	235298.33	209270.57	26027.76
G	303055.95	14169	104683.66	152756.13	125698.62	28057.51

从表 4-3 可以看出，G 县的农民所得总额最高，达 303055.95 万元，依次是 L 市 236004.61 万元和 F 区 142127.38 万元。与此相对应的是农民外出收入，依次是 104683.66 万元、63613.94 万元和 36481.96 万元。但农民人均所得却并没有按照这个顺序排列，反而 G 县农民人均最低为 14169元。一方面和 G 的农民人数居多有关，另一方面，也反映了留在农村的农户所创造的农业收入是比较低的，从 G 县种植业收入为 125698.62 万元可以窥见一斑。

4.2.1.3 样本县土地流转概况

从表4-4，我们可以看出近3年来（2014—2016）被调查样本县的家庭承包经营面积和家庭承包农户户数年年下降，而农地流转面积却一直在递增，三地2016年农地流转面积分别是2014年的2倍、3.13倍和2.42倍，尤其是L市农地流转面积在短短2年内增加3722hm²。

表4-4 样本县农地流转概况（hm²）

单位	年度	家庭承包耕地面积	家庭承包农户户数	农户家庭承包土地流转总面积						
				合计	转包	转让	互换	出租	入股	其他
F区	2014	12843	40019	846.2	661.9	20.1	0	141.6	0	40.6
	2015	12843	40019	1493.7	979.7	23.3	102.1	344.5	0	44.1
	2016	12062	39219	1738.7	1228.3	26.8	102.7	341.1	0	39.5
L市	2014	41350	71157	1743.7	1297.9	142.4	50.3	219.9	0	33.3
	2015	37064	71355	2741.1	2083.7	61.1	261.1	207.5	67.7	60.3
	2016	34913	69495	5466.7	4489.6	67.8	342.5	493	2.8	71
G县	2014	25335	104005	1074.5	494.3	263	81.1	203.7	7.1	25.1
	2015	25076	104169	1715.1	793.3	440	99.5	304.5	7.2	77.5
	2016	25043	102915	2601.9	1510.7	478	98.2	363.9	14.5	136.6

单位	年度	流转用于粮食面积	流转出耕地农户户数	农户家庭承包土地流转总面积流向				
				合计	流入农户	流入企业	流入合作社	其他流向
F区	2014	12843	1955	864.2	540.5	0	97	226.7
	2015	12843	7606	1493.7	475.3	0	102.1	916.3
	2016	12062	7795	1738.7	469.1	33.3	100.7	1135.7
L市	2014	41350	2689	1743.7	1491.5	75	50.9	126.4
	2015	37.64	2737	2741.1	2411.1	64.3	125	141.1
	2016	34913	3785	5466.7	4586.4	190.9	303	116.3
G县	2014	25335	3188	1074.5	948.9	65.5	16.3	43.7
	2015	25076	6431	1715.1	1393.5	92.7	85	143.8
	2016	25043	10938	2601.9	2109.5	117.1	259.3	116

单位	年度	签订耕地流转合同	签流转合同流转面积	流转组织流转面积	建立流转服务组织情况		
					县级流转平台数	乡镇流转平台数	村级流转服务组织数
F区	2014	1204	864.2				
	2015	5236	1376.1	744.2	0	1	36
	2016	7795	1631.8	1565.9	0	2	76
L市	2014	2665	1429.9				
	2015	2689	1357.3	1306.2	1	10	223
	2016	3713	2069.3	1928.7	1	10	223
G县	2014	2337	782.5				
	2015	5358	1405.2	10724	1	12	281
	2016	7115	1694.5	14536	1	12	282

从农地流转方式而言，转包和出租为三地流转最主要的方式，2016年，F区、L市和G县农地转包分别占当年流转比重的70.6%、82.1%和58.1%，特别是L市转包占据流转方式的绝对位置。其次是出租，比例分别是19.6%、9.01%和13.98%。稍微有所区别的是G县，近3年农地转让的比例均高于出租的比例，而其他两个样本地转让的比例相对很少，仅有1.5%和1.2%。入股这种新型的流转方式在处于传统耕种的中部地区而言，相对较少，F区近3年农地流转没有通过入股的方式进行，L和G县通过此类方式流转的比例也很低，几乎可以忽略不计。

根据表4-4显示，从农地流转的去向看，三地流入企业的比例年年都在增加，L市和G县2016年农地流入企业的数量分别是20014年的2.5倍和1.8倍，分别达到191hm²和117hm²，F区则在2016年突破前2年流转到企业的零记录，当年转入企业的农地达33hm²。此外，流向合作社的比例也在逐年增加。相比之下，F区2014年就已有相当数量的农地转入合作社，2015和2016年保持同样的增长幅度。而L和G县在2014年转入合作社的农地相比还很少，仅有50.9和16.3hm²，而到2016年则分别达到 303hm² 和 259hm²，分别是 2 年前的 5.95 倍和 15.87 倍。

从流转后的用途看，三地近 3 年流转用于粮食的面积一直呈下降趋势。2014 年 F 区、L 市和 G 县三地流转后用于粮食的面积分别是 12843hm²、41349hm² 和 25335hm²，2016 年则下降至 12062hm²、34913hm² 和 25043hm²，分别比 2014 年下降 7%、16% 和 2%。

从表 4-4 发现，三地签订流转合同份数和签订流转合同的耕地流转面积和流转耕地的农户数近三年都在逐年增加，说明三地农地流转规模在逐渐增加，流转的去向也呈多元化。但值得注意的是，通过比较签订流转合同份数和流转耕地的农户数，签订流转合同的耕地流转面积和实际流转的面积，发现仍有不少农户流转并没有签订流转合同，尚有相当数量流转的耕地没有签订流转合同。

从三地建立流转服务组织情况来看，2016 年三地的所有乡镇都建立了流转平台，所辖的各个村落也都建立了村级流转服务组织。

4.2.2 样本乡镇状况

在样本乡镇的选取上，我们从地理区位、农地流转规模大小和经济发展等三个方面确定调查样本：一是地理区位。调查点选择的样本地分别位于 X 市的东部、中西部和西部区域，从地形地貌上分别代表丘陵、岗地、山地三种地形区。二是农地流转规模的大小。根据当地农经部门提供的有关流转信息，选择能够代表 X 市整体农地流转状况的样本。三是经济发展。重点选择经济发展方面具有显著差异的样本。在此基础上，我们从 F 区、L 市和 G 县各抽取 2 个样本乡（镇），在每个样本乡（镇）抽取 2~3 个典型样本村，共计 6 个样本乡（镇），13 个样本村。在 F 区选择了 2 个样本乡镇：N 镇、S 办事处。在 G 县选择了 2 个样本乡镇：L 镇、W 镇。在 L 市选择了 2 个样本乡镇：X 镇、L 镇。下面将这 6 个乡镇的概况简要介绍一下。

4.2.2.1 F 区的样本乡镇状况

1. S 办事处。S 办事处地处 X 市 F 区近郊，是 X 市西大门，316 国道和邓城大道横贯东西，襄荆高速公路连通南北，并留有出口。版图面积28.6平方公里，其中耕地 0.1 万 hm^2，滩地 $600hm^2$，农业主要以蔬菜为主，兼有花卉、粮食等经济作物，工业以民营企业为主体，现有工业企业近 70 家，涉农企业 10 余家，是一个涉农型的街道办事处。辖社区居委会3 个：S 社区居委会、S 东社区居委会、S 西社区居委会；村委会 6 个：白湾村、梁坡村、王伙村、杨湖村、张桥村、韩洼村。

2. N 镇。N 镇地处 X 市西郊，距市中心 $15km^2$。全镇辖 36 个行政村、281 个村民小组、共有 12000 户、54000 口人，耕地总面积 $6837hm^2$。2011年，全镇共流转土地 $980hm^2$，占全镇耕地总面积的 14.3%，其中规模流转面积 $647hm^2$，占已流转面积的 65.9%；发展无公害蔬菜种植 $667hm^2$，建成规模养殖小区 6 个，培植畜禽规模养殖户 500 余户。流转涉及 14 个村43 个组 4700 多户，签订流转合同 3340 多份。

4.2.2.2 G 县样本乡镇状况

1. W 镇。W 镇地处 G 县西北部，因境内有马鞍山、云雾山、邱家山、李家山、百日山等五座大山而得名。全镇版图面积 250 km^2，辖 22 个行政村和 2 个社区，8663 户，总人口 38936 人，其中农村人口 32726 人，劳动力 25796 人，常年在外务工人员 11071 人。该镇耕地面积 $2067hm^2$，其中水田 $1100hm^2$，旱地 $967hm^2$，林地 1.7 万 hm^2。该镇有 0.17 万 hm^2 无公害茶叶基地、15 家生态茶场，年产茶叶 200 万公斤，创产值 5000 万元。是 H 省休闲农业示范点。

2. L 镇。L 镇是 G 县北部的一个丘陵乡镇，地处武当山脉，东邻古城X，西偎车城十堰，北与 L 市一桥相连。全镇版图面积 280 平方公里，耕地面积 0.51 万 hm^2，流转面积 $520hm^2$，占据耕地面积的 10%。山林面积0.67 万余 hm^2，滩涂面积 0.8 万 hm^2。全镇辖 39 个行政村、52 个自然村，12078 户、54700 人，其中有 13000 余人常年在外务工。冷集物阜源丰。大米、小麦、棉花、山药、花椒、木耳、香菌、天麻等农副土特产品久负盛名；矿藏十分丰富，花岗岩、钒钛磁铁、蛇纹石储量分别在 0.5 亿 m^3、

7.5 亿 m^3 和 1 亿 m^3 以上；动植物资源丰富，0.008 万 hm^2 山药、0.018 万 hm^2 花椒年产值过亿元。全镇有 3 所初中，15 所小学和 20 个教学点，有私营企业 7 家、从事养殖、种植业合作社 13 家。

4.2.2.3 L 市的样本乡镇概况

1. L 镇。L 办事处位于 L 市郊，距城区 3 公里，版图面积 89.4 km^2，全镇辖 21 个村，1 个居委会，人口 4.38 万人，耕地面 0.35 万 hm^2，可利用养殖水域 0.05 万 hm^2，可开发宜林荒山面积 0.13 万 hm^2，有中、小型水库 6 座，总库容 2500 万 m^3。

2. X 渡。X 镇位于 L 市城南 15 公里处，西邻汉江河畔，汉十高速、316 国道穿境而过。全镇辖 31 个村委会，2 个居委会，178 个村民小组，11056 户、4.5 万人，其中农业人口 31790 人，劳动力 19856 人，版图面积 114 km^2，耕地面积 0.32 万 hm^2，园地 1471hm^2，林地 2919hm^2，水域 830hm^2，集镇建成区面积 2.5 km^2。2016 年，该镇实现地方公共财政预算收入 2.76 亿元，城乡居民可支配收入达 17662 元。

4.2.3 样本农户基本特征

我们主要根据农户的家庭特征、经济收入、居住方位和农地流转规模等因素确定被调查的样本农户。在 6 个抽取的样本乡（镇）中，随机抽取 13 个村作为样本村，在各村抽取若干典型农户，共计抽取 312 户农户。采取结构访谈法的形式，由调查员和被访农户面对面的访谈获取相关信息。本研究共发放问卷 312 份，回收 312 份，有效问卷 312 份，有效回收率达到 100%。312 户有效调查户中，发生农地流转样本户为 273 户，非流转样本户 39 户。在样本所属区域中，F 区 71 户，其中有 47 户流转样本户，14 户非流转样本户；G 县 105 户，其中有 97 户流转样本户，8 户非流转样本户；L 市 136 户，其中有 119 户流转样本户，17 户非流转样本户。最终本文研究样本确定为 3 个样本县（市）、6 个样本乡（镇）、13 个样本村、312 户农户。详见表 4-5。

表 4-5　调查样本农户分布情况

序号	样本区（县）	样本镇	样本村	样本户	转入户	转出户	非流转户
1	F	N 镇	春芳营	28	1	22	5
			张王岗	23	2	13	8
		S 办事处	韩洼村	20	0	19	1
2	G	L 镇	尖角村	12	0	12	0
			隋州村	20	1	18	1
			甘家庄	12	2	10	0
		W 镇	何家湾	32	2	28	2
			九里岗	29	3	21	5
3	L	L 镇	黄龙庙	13	10	3	0
			朱楼村	35	13	14	8
			张岗村	27	7	20	0
		X 镇	柴店岗	32	16	14	2
			钟寨村	29	9	13	7
合计	3	6	13	312	66	207	39

4.2.3.1　样本农户的家庭基本情况

1. 家庭劳动力结构

表 4-6　样本农户家庭劳动力结构

样本区（县）	家庭平均人口	劳动力人口	纯农业劳动力	主要从事非农业劳动力
F 区	5.14	3.76	1.72	1.90
G 县	4.34	2.72	1.21	1.27
L 市	4.63	2.97	1.25	1.58

　　我们将可以从事生产劳动的家庭成员称为家庭劳动力。从三地户均人口数来看，F 区较其他 2 个地区稍多，户均人口 5.14 人。F 区户均拥有的

劳动力数量也相对较多，比例为73%，G县和L市差别不大。非农劳动力比例方面，L市占到53%，其次分别是F区51%和G县47%，这说明三地农户家庭中有相当部分的劳动力从事非农业生产。

2.家庭经营土地面积

表4-7　家庭经营土地面积（hm²）

样本区（县）	户均土地面积	人均土地面积	农业劳动力人均土地面积	户均地块数
F区	0.25	0.048	0.067	1.02
G县	0.18	0.040	0.064	1.14
L市	0.38	0.081	0.128	1.19

家庭经营规模对农户的经济行为会产生较大影响，但这种影响并不会必然导致其农业发展模式的转变。从户均土地面积来看，L市的户均土地面积要大大超过其他两地，分别比F区和G县户均多出0.13hm²和0.2hm²。从户均地块数来看，F区最低，每户只有1块地，L市最多，但也仅有1.2块，主要包括水田和旱地。F区和G县在人均土地面积和农业劳动力人均土地面积方面相差不大，耕地资源不足，人均面积都在0.06hm²之下。不同的是，F区离城市主城区较近，受城市化辐射比较直接，因此出现的人地矛盾较为突出，而G县则是地处山区深处，地势比较陡峭，适合耕种的农地并不多，加上经济相对落后，导致大量青壮年劳动力外出务工，从而获取更多的非农收入。这一点也可以从各地区的非农收入水平得出验证。

3.户主特征

我们主要从性别、年龄、文化程度、职业、是否担任村干部和身体健康情况等几个方面对农户户主特征进行了描述。从表4-8我们可以看出，被访农户性别比例方面，男性占据了绝大多数，在农村家庭的户主大都是男性，三地被访者中男性分别达到了85.9%、91.4%和91.2%。

从职业上看，拥有农业户口的户主为我们调查的主体，从事纯农业和以农为主兼业的户主分别在当地占到农户总数的 73.3%、56.2% 和 62.6%，相比之下，G 县户主中从事非农为主兼业和非农职业的比例最高，达到 43.8%，接近该地被调查对象的半数，由于 G 县是农业大县，也是山区贫困县，农业比较效益低，很多农户外出从事非农工作以补贴家用。被调查的农户中村干部所占比例不高，各调查地之间差异不大。就身体状况而言，户主的身体一般都比较健康，三地农户户主对健康的认可度占大多数。

表 4-8　户主个体分布及基本信息

特征项目（2011 年）		F 区	G 县	L 市
		频数（%）	频数（%）	频数（%）
性别	男	61（85.9）	96（91.4）	124（91.2）
	女	10（14.1）	9（8.6）	12（8.8）
年龄	均值	53.11	50.39	49.24
文化程度	小学及以下	20（28.2）	46（43.8）	46（33.8）
	初中	41（57.8）	50（47.6）	75（55.1）
	高中	8（11.3）	8（7.6）	13（9.6）
	大专	2（2.7）	1（1）	2（1.5）
职业	纯农业	46（64.8）	54（51.4）	70（51.5）
	以农为主兼业	6（8.5）	5（4.8）	15（11.1）
	非农为主兼业	8（11.3）	11（10.5）	9（6.6）
	非农业	13（18.4）	35（33.3）	42（30.8）
是否村干部	是	10（14.1）	6（5.7）	13（9.6）
	否	61（85.9）	99（94.3）	123（90.4）
身体状况	很健康	52（73.2）	70（66.7）	96（70.6）
	健康	12（16.9）	18（17.1）	20（14.7）
	比较差	7（9.9）	17（16.2）	20（14.7）

从三地被调查农户户主的年龄来看，年龄的均值分布在 50 岁上下，其中 F 区年龄达到 53 岁，呈老龄化趋势，这与当前我国农村居住人员的年龄状况大体相当。由于大多数青壮年农户外出从事非农工作，留守在农

村的群体主要是老人、妇女和儿童。文化程度方面，被调查户主普遍受教育程度不高，三地初中以下的农户分别占被调查农户的86%、91.4%和88.9%。

4.2.3.2　受访农户的家庭经济状况

从被调查农户年人均纯收入来看，多数家庭处于中低收入水平线以下。F区、G县和L市年人均纯收入在3000元以下的比例分别是67.6%、62.9%和58.8%。按照每户4口人来计算，一年一户家庭的纯收入在12000元以下，并且这部分收入主要来自非农收入。这也和被访者对其家庭收入在本村的地位相符合，三地被调查农户认为收入在本村处于中层及以下的比例分别是83.3%、73.4%和72.9%。

表 4-9　样本农户家庭经济状况

特征项目（2016 年）		F 区	G 县	L 市
		频数（%）	频数（%）	频数（%）
人均纯收入	2000 元及以下	23（32.4）	34（32.4）	41（30.1）
	2001—3000 元	25（35.2）	32（30.5）	39（28.7）
	3001—5000 元	8（11.2）	17（16.2）	38（27.9）
	5001 元以上	15（21.2）	22（20.9）	18（13.3）
收入主要来源	主要依靠农业收入	17（23.9）	17（16.2）	38（27.9）
	在家从事非农收入	12（16.9）	24（22.9）	19（13.9）
	外出务工或经商收入	42（59.2）	61（58.1）	79（58.2）
	其他	0（0）	3（2.8）	0（0）
收入在本村地位	上层	4（5.6）	8（7.6）	6（4.3）
	中上层	8（11.3）	20（19.0）	31（22.8）
	中层	37（52.1）	38（36.2）	53（39.0）
	中下层	20（28.2）	22（21.1）	36（26.5）
	下层	2（2.8）	17（16.1）	10（7.4）

进一步区分被调查农户的家庭收入来源发现，家庭最主要的收入来源为外出务工或经商收入（分别占59.2%、58.1%和58.2%），其次是在家从事非农经营收入（16.9%、22.9%和13.9%），而来源于纯农业收入的比

例较小。分区县来看，G 县的非农收入相对最高，达到 81%，F 区和 L 市分别是 76.1% 和 72.1%。这充分说明农业收入已不再是当前农村家庭收入的主要来源，随着大批劳动力的外出务工，非农收入已明显取代农业收入成为农村社会发展的主要经济支撑。与此同时，我们也应看到，大量青年农民的外出带来农村劳动力需求的不足，这对未来我国粮食生产的有效保障，对农业产业化和现代化的推进都会带来不利的影响。

4.3 本章小结

本章首先对 X 市区域及农地流转状况进行简要的描述，然后根据地理位置、地形地貌、社会经济发展状况以及土地资源禀赋等因素从 X 市抽取了 F 区、G 县和 L 市作为调查的区域样本。在此基础上，确定 6 个样本乡（镇）、13 个样本村、312 户农户作为最终的调查样本，并分别对调查样本乡（镇）和 312 户样本农户的基本情况做了介绍。

综合本章研究内容，我们可以得出如下研究结论：（1）X 农地流转的特点主要表现为：流转方式多样化，以转包和出租方式为主，两者占据流转农地总面积的 68.86%。有一定比例的农地流转给了私营企业主和种养殖大户；流转年限较短，主要集中在 1~10 年之间；流转价格偏低，合同约定形式简单，规范性不高。（2）根据 X 市农地流转的实际情况，综合各类指标因素，选取的县（市）、乡（镇）和农户都具有一定的代表性。（3）被调查的 312 户农户中，发生流转户数为 273 户，占调查总户数的 87.5%。2016 年家庭平均人口约为 5 人，户均承包土地 1.81 亩。户主性别以男性为主，男性主导家庭占 90%，户主年龄主要介于 40~60 岁（占 74.7%），39 岁以下的仅占 10.6%，以农业为主要从业习惯的户主占据多数（62.2%），户主文化程度主要分布在初中及以下水平（占 89.1%）。在家庭收入来源方面，仅有 23.1% 的农户家庭收入完全靠农业劳动，58.3% 农户家庭收入则主要来自外出务工的收入。

5 农地流转中农户行为及影响因素分析

农地流转取决于农地的供给和需求。农户对农地的供需状况归根结底取决于农户的内在动因。农户既是经济单位又是社会单位。作为经济单位，他是自负盈亏的独立的经营主体，追求效益或效用最大化，付出最小化作为社会单位，追求经济效益最大化并不是其唯一目标，他还要考虑生存、就业等保障。因此，影响农户收入、就业、生存的因素就构成了农户土地流转行为的影响因素。

5.1 农户参与土地流转的行为方式分析

5.1.1 农户农地转入行为分析

5.1.1.1 农户农地转入的数量特征

在样本地区调查的 312 户农户中，转入农地的农户有 66 户，占被调查农户总数的 21.2%，其中，F 区 3 户，G 县 8 户，L 市 55 户，共计转入耕地 27.33hm^2。具体情况见表 5-1。

从表 5-1 我们可以看出，三地转入户数和面积差异很大。F 区和 G 县两地农户转入农地的比例偏低，分别占流转总数的 4.6% 和 12.1%，转入的土地面积相应也较少，两地流转总面积所占比例仅为 9.6%。F 区作为工业城市，农业本身所占的比重不高，当地农民由于地处郊区，多数选择在城里务工，因此转入土地的愿望不强。G 县是山区，地理交通不便，多数青壮年选择到外地打工。L 市作为一个农业大市，从转入户数和转入面积来说均占调查样本的绝对主体。

表 5-1　农户转入农地数量

样本区（县）	转入户数（户）		转入土地面积（hm²）		户均值（hm²）
	农户数量	比例	面积	比例	
F 区	3	4.6	1.2	4.4	0.4
G 县	8	12.1	1.42	5.2	0.18
L 市	55	83.3	24.71	90.4	0.45
合计	66	100	27.33	100	0.41

5.1.1.2　农户农地转入的方式

在调研地，流转的主要形式包括代耕、转包、转让、租赁、入股等多种流转方式。以代耕方式转入农地的农户有 9 户，转入面积 3.06hm²；以转包方式转入农地的有 45 户，面积为 17.62hm²；以转让方式转入的有 7 户，转入 1.7hm²；以租赁的形式转入土地的为 4 户，转入 4.83hm²；以入股方式转入的仅 1 户，0.13hm²。

表 5-2　农户转入农地方式

流转方式	转入户数（户）		转入土地面积（hm²）	
	农户数量	比例	面积	比例
代耕	9	13.7	3.07	11.2
转包	45	68.2	17.62	64.5
转让	7	10.5	1.68	6.1
出租	4	6.1	4.83	17.7
入股	1	1.5	0.13	0.5
合计	66	100	27.33	100

从转入的方式来看，转包是调研地转入的主要形式，68.2% 的农户转入 64.5% 的土地；其次是代耕和转让，分别有 13.7% 和 10.5% 的农户转入了 11.2% 和 6.1% 的土地；出租和入股方式比较少，6.1% 的农户选择了

租赁的方式转入，但平均每户转入的面积却达到 1.2hm²，远远超过其他几种转入方式，只有 1 户农户通过入股的方式转入了 0.5% 的土地。由此可见，传统意义上的代耕和转包在当地农地转入中仍占主导地位，比例高达81.9%。

5.1.1.3　农户农地转入的来源

农户转入农地行为发生的范围是研究农地流转市场发育程度的一个重要方面。从转入农地的来源看行为发生的范围包括区域范围与社会空间范围两个方面，区域范围在此是指转入农地的地域归属，社会空间范围是指农地转入户与转出户间的社会关系。

表5-3　农户转入农地的区域范围

	本组		本村外组		本乡外村		本县外乡		外县	
	数量	比例	数量	比例	数量	比例	数量	比例	数量	比例
户数	51	77.3	10	15.2	4	6.1	0	0	1	1.5
面积（hm²）	17.55	64.2	4.76	17.4	4.87	17.8	0	0	0.15	0.6

从农户转入的区域范围看，转入土地的区域范围和土地面积呈较大的差异性。92.5% 的农户在本村内完成了 81.6% 的土地流入，其中本组内进行土地交易的农户居多，77.3% 的农户从组内转入了 64.2% 的土地。从外村转入农地的农户较少，但转入的面积相对较多，4 户农户从外村转入了 4.87hm² 的农地。据调查，从外村转入的 4 户中的 1 户一次性流转了 3.67hm² 旱地种植蔬菜，其他 3 户人均转入 0.4hm² 农地。总体上看，一般农户倾向于在行政村这一区域范围内完成土地的流入。

从表 5-4 我们可以看出，农户转入土地行为的社会空间存在显著差异。亲缘关系和亲朋关系在转入户与转出户之间呈现了重要的影响，51.4% 农户的转入行为发生在家人和亲戚身上，31.8% 的转入发生在朋友之间。从土地转入量看，74.6% 的转入土地是发生在亲朋之间的，9.2% 的转入土地来自村集体，还有 16.2% 的转入土地发生在无任何特殊社会关系条件下的。

表 5-4 农户农地转入的社会空间

	家人		亲戚		朋友		村集体		其他	
	数量	比例	数量	比例	数量	比例	数量	比例	数量	比例
户数	9	13.6	25	37.8	21	31.8	8	12.1	3	4.7
面积（hm²）	3.17	11.6	7.57	27.7	9.64	35.3	2.52	9.2	4.43	16.2

5.1.1.4 农户农地转入的约束条件

农村土地作为农业生产的主要生产资料，所有权归集体所有，但使用权则属于承包农户负责。因此，农户转入农地不仅要受到农地使用权供给市场的约束，而且还受到农地所有者村集体的约束。我们从农户转入农地的年限、农地转入是否经村组同意、转入户与转出户之间有无合同及其形式以及转入租金的确定方式几个方面来解析农户转入农地的约束条件。

1. 农户转入农地的年限约定

农户转入农地的年限约定，不仅体现了农户对转入农地使用权拥有的时间维度，同时也反映了农户对转入农地的预期，转入约定的年限短，说明农户对转入农地的效益预期不足，转入约定的年限长，说明农户对转入的农地有较好的预期。

从调查结果看出，样本地多数农户转入农地没有约定具体的年限，59.1% 的农户转入 60.9% 的农地是在双方没有约定固定期限的条件下进行的。约定时间为 1–10 年的农户比例是 19.7%，转入农地面积是 2.99hm²。即有 78.8% 的农户转入农地的年限是在短期的。约定年限在 30 年以上的农户非常少，仅有 3 户，并且转入的面积也不多，只有 0.32hm²，占转入总面积的 1.2%。

表 5-5 农户农地转入的年限约定

年限	转入户数（户）		转入土地面积（hm²）	
	农户数量	比例	面积	比例
没有约定年限	39	59.1	16.65	60.9
1–10	13	19.7	2.99	10.9

年限	转入户数（户）		转入土地面积（hm²）	
	农户数量	比例	面积	比例
11–30	11	16.7	7.37	27
30 以上	3	4.5	0.32	1.2
合计	66	100	27.33	100

2. 农户转入土地的约定形式

农户转入土地的约定形式既反映了农户转入农地行为的约束方式，也反映了农地使用权流转的契约化程度。从表 5-6 我们看出，大多数农户（占土地转入户的 74.2%）转入土地是以口头形式约定的，转入农地面积占土地转入总面积的 68.9%。仅有 9.1% 的农户采用的是书面协议约定，但转入的面积比例却不少，占土地转入面积总量的 20.8%。由此可以推论，当农户转入土地数量较大时，倾向于采取书面形式约定，当农户转入土地面积数量较少时，往往以口头形式约定。甚至还有 16.7% 的农户在转入土地时无任何契约形式，采用这种方式转入农地的面积占转入总面积的 10.3%。

表 5-6　农户转入农地的契约形式

协议形式	转入户数（户）		转入土地面积（hm²）	
	农户数量	比例	面积	比例
口头协议	49	74.2	18.83	68.9
书面协议	6	9.1	5.67	20.8
无	11	16.7	2.83	10.3
合计	66	100	27.33	100

3. 农户农地转入的组织形式

实行家庭联产承包责任制以后，农地的所有权与使用权实行了分离，村组集体拥有农地的所有权，农户对承包农地的使用权是从村集体经济组织获得的，农地转入户从农地转出户转入农地的使用权是否经过村组同意，是了解农户农转入行为自由度或组织化程度的一个重要方面。调查发现，经过村组同意的流转户数仅有9户，占转入总户数的13.6%，而私下协商进行流转的农户则达到84.8%，说明村组在当地农地的转入中没有起到良好的引导作用。值得注意的是，虽然未经村组同意转入的农户少，但转入的农地面积却占到转入面积的39.4%。这说明，农户倾向于以私下沟通的方式转入少量的农地，当遇到转入农地数量较大时，倾向于通过村组来进行流转，从而保障自己的权益。

表5-7 农户农地转入的组织形式

组织	转入户数（户）		转入土地面积（hm²）	
	农户数量	比例	面积	比例
村民小组	6	9.1	6.43	23.5
村委会	3	4.5	3.7	13.5
经管站	1	1.6	0.67	2.4
私下协商	56	84.8	16.53	60.6
合计	66	100	27.33	100

4. 农户农地转入的租金及确定方式

表5-8显示，91%的农户从转出户获取土地时的租金采用的是私下协商的方式，分别有4.5%的农户转入土地是根据周边价格和由村委会确定的。另据调查，有69.7%的农户转入土地是无偿的，不需要交纳任何租金。21.2%的农户转入土地只需年/hm²地给转出户0.15万元即可，仅有9.1%的农户每hm²地租金在0.15万元以上，其中最多的1户/hm²地租金是0.9万元，与当地流转市场价一致。

表5-8 农户农地转入的租金及确定方式

租金方式	转入户数（户）		转入土地面积（hm²）	
	农户数量	比例	面积	比例
周边价格确定	3	4.5	0.97	3.5

租金方式	转入户数（户）		转入土地面积（hm²）	
	农户数量	比例	面积	比例
农户协商	60	91	24.08	88.1
村委会确定	3	4.5	2.28	8.4
合计	66	100	27.33	100

5.1.1.5　农户农地转入原因及用途

在 66 户转入农地的农户中，有 28 户即 42.4% 的农户是受亲朋好友委托，转入面积 12.69hm²，占转入总面积的 46.4%。有 34.9% 的农户转入农地是为了扩大经营规模和增加收益，转入面积 11.78hm²。被调查地农户转入农地的原因主要集中在以上两方面。相比之下，因为有劳动力原因转入农地的农户并不多，仅有 10 户，转入的面积也只有 0.56hm²。

表 5-9　农户农地转入的因素

转入原因	转入户数（户）		转入土地面积（hm²）	
	农户数量	比例	面积	比例
有劳动力	10	15.2	2.3	8.4
亲戚朋友委托	28	42.4	12.69	46.4
扩大经营规模	13	19.7	8.39	30.7
增加收益	10	15.2	3.39	12.4
其他	5	7.6	0.56	2.1
合计	66	100	27.33	100

被调查地转入农户中，95.5% 的农户转入农地是种植粮食，转入的面积占转入总面积的 85.1%。农户转入农地无非是为了增加家庭的经济收益，而经济收益的增加与农户转入农地以后的行为有密切关系，而从社会学的角度去看，农户转入农地有可能为了维系乡土社会的人际关系或满足"粮食自己种的好吃"的小农心态等社会性需要。故农户对转入农地的主

要用途的安排是其转入农地以后的重要行为，也是反映农地流转中农户行为选择类型的一个方面。

表 5-10　农户农地转入的用途

转入用途	转入户数（户）		转入土地面积（hm²）	
	农户数量	比例	面积	比例
种植粮食	63	95.5	23.25	85.1
种植经济作物	3	4.5	4.08	14.9
合计	66	100	27.33	100

5.1.1.6　未发生流转的农户对转入土地的态度

在尚未发生流转的 39 户农户中，愿意转入土地的仅有 5 户，占 12.8%，其中 2 户选择转入的原因是有劳动力耕种，3 户是为了增加收益。当问及愿意转入却没有转入的原因时，2 户认为是没有合适的土地，3 户认为是没有人愿意转出。对于那些不愿意转入农地的农户而言，58.2% 的农户认为种地不划算，41.8% 的农户认为缺乏劳动力，8.8% 的农户认为转入价格太高，11.7% 的农户担心转入后收益得不到保障。

5.1.2　农户农地转出行为分析

5.1.2.1　农户农地转出的数量特征

在样本地区调查的 312 户农户中，转出农地的农户有 207 户，占被调查农户总数的 66.3%，其中，F 区 54 户，G 县 89 户，L 市 64 户，共计转出耕地 35.08hm²。具体情况见表 5-11。

通过比较调查地点转入与转出的户数和面积，我们发现两者之间的差异较大。被调查发生流转的样本农户中，F 区和 G 县两地农户转出的户数和面积要远远超过转入的户数和面积，这与两地的社会经济地理状况是分不开的。L 市被调查的样本农户转入与转出的户数相差不大，但转入的面积要大大超过转出的面积。从三地转出的户数、面积及户均值来看，没有明显差异。相对而言，G 县转出的户数和面积要大于其他两个样本地。

表 5-11 农户转出农地的数量

样本区（县）	转出户数（户）		转出农地面积（hm²）		户均值（hm²）
	农户数量	比例（%）	面积	比例（%）	
F 区	54	26.1	9.90	28.2	2.7
G 县	89	43	13.26	37.8	2.2
L 市	64	30.9	11.92	34	2.8
合计	207	100	35.08	100	2.5

5.1.2.2 农户农地转出的方式

从转出的方式来看，与转入的方式基本一致，都包括5种流转方式。不同的是，租赁方式在转出方式中成为主要形式，63.8%的农户转出了53.2%的土地；传统的转包方式排在第二，22.7%的农户流转出32.2%的土地，与转入方式相比少了很多。通过转入方式转出土地的比例和转入土地的比例相当，10.1%的农户转出了11.3%的土地。代耕和入股方式则比较少，2.9%的农户通过代耕方式转出2.9%的土地，入股方式依然是最少的流转方式，仅0.5%的农户转出0.4%的土地。（详见表5-12）

表 5-12 农户农地转出方式

流转方式	转出户数（户）		转出土地面积（hm²）	
	农户数量	比例（%）	面积	比例（%）
代耕	6	2.9	1.02	2.9
转包	47	22.7	11.28	32.2
转让	21	10.1	3.96	11.3
出租	132	63.8	18.66	53.2
入股	1	0.5	0.16	0.4
合计	207	100	35.08	100

5.1.2.3 农户农地转出的去向

从农地转出的区域范围看，分布比较广泛，既有本组、本村，也有外村、外乡甚至外县。表 5-13 显示，农户流转土地在本村范围的比例并不高，仅占流转比例的 25.2%。在转出的农地中，转出到外乡或外县的土地面积总量最大，涉的农户最多，转出的农户数达到 126 户，占转出总户数的 60.9%，面积为 17.86hm^2，占转出面积的 50.9%。

表 5-13　农户农地转出的区域范围

	本组		本村外组		本乡外村		本县外乡		外县	
	数量	比例	数量	比例	数量	比例	数量	比例	数量	比例
户数	38	18.4	14	6.8	29	14	84	40.6	42	20.3
面积	10.61	30.2	2.35	6.7	4.26	12.1	11.26	32.1	6.6	18.8

从表 5-14 可以看出，37.7% 的农户将农地转给了私营企业主和个体工商户，40.1% 的农户将农地转给了种植大户，这两种方式占农户转出比例的大多数，达 77.8%。相对 83.2% 农户的转入行为发生在家人和亲戚朋友等亲缘之间而言，这些无特殊关系的承租者正在成为农地流转中一股强劲的新生力量，他们从事一些特色产业和优势产业，经济效益好，市场前景广，带动能力强，土地流转租金较高，农民愿意将土地流转给他们。此外，当地政府的强力推动，也是农地转向私营企业主和种植大户的重要因素之一。

表 5-14　农户农地转出的对象

	村集体		个体工商户		私营企业主		种植大户		一般农户	
	数量	比例	数量	比例	数量	比例	数量	比例	数量	比例
户数	1	0.5	67	32.4	11	5.3	83	40.1	45	21.7
面积	0.4	1.1	13.45	38.4	1.38	3.9	7.77	36	7.22	20.6

5.1.2.4　农户农地转出的约束条件

1. 农户农地转出年限约定

农地转出年限的约定是农户转出农地的主要约束条件，体现了农户转出农地使用权后依然拥有对该农地的承包权，也体现了农户出入农地使用权的时效性。这主要是由于农户拥有的农地使用权是以承包期为界限的,因而农户出让承包农地的使用权时间不能超过农地的承包期,农地转出年限的约定还体现了农地转出户与转入户之间的平等关系。在农户转出土地约定的年限中,以1—10年居多,51.7%的农户选择此项,并且转出的面积也是对等的比例达到55.4%。还有24.6%的农户选择不约定年限。这组数据充分显示一些农户因为外出务工、经商或其他种种原因流转出自家的土地,但从内心而言,土地在他们心中的价值依然是不可替代的。他们并不想放弃土地,不愿意长时间的转出,转出只是临时性的无奈之举。(详见表5-15)

表5-15　农户农地转出年限约定

年限	转出户数（户）		转出土地面积（hm²）	
	农户数量	比例（%）	面积	比例（%）
没有约定年限	51	24.6	8.1	23.1
1–10	107	51.7	19.42	55.4
11–30	42	20.3	6.04	17.2
30以上	7	3.4	1.52	4.3
合计	207	100	35.08	100

2. 农户转出农地的协议方式

与转入协议方式不同的是,在转出协议中,书面协议占据了较高比例,122户农户选择了用正式合同的形式转出自家的农地,转出的农地面积也占流转总面积的51%。在调查中我们获知,这些农地的转出大多数是由村级组织统一协调而流转的,签订正式合同一方面能够使农户的合法权益得到法律保障,另一方面,村级组织也为了避免今后可能因农地利益而带来的纠纷,所以通过契约的方式进行流转就显得顺理成章了。就农户私下发生的农地转出行为而言,口头协议和无协议现象仍然是存在的,28%的农户转出土地只是口头协议,甚至13.1%的流转是没有任何文本保障的。一般而言,这种转出行为多发生在亲朋之间。虽然随着农村社会经济的发展，传统的社会交往方式和规则逐渐发生了变化，但对于农村这个熟人社会，人情依然扮演重要角色，所以近半数的转出行为只是口头协议甚至无协议是可以理解的。

表 5-16 农户农地转出的协议方式

协议形式	转出户数（户）		转出土地面积（hm²）	
	农户数量	比例（%）	面积	比例（%）
口头协议	58	28	12.24	34.9
书面协议	122	58.9	17.9	51
无	27	13.1	4.94	14.1
合计	207	100	35.08	100

3. 农户农地转出的组织形式

如果农户转出农地经过村组同意，说明土地集体所有权得到了足够的尊重，如果农户未经村组同意就转出土地使用权，从某种程度上使土地承包权准所有权化。从调查样本看，72.9% 的农户转出农地是由村委会及村民小组组织的，这与仅有 13.6% 的农户是由村组组织转入的农地比例高出很多。一方面大多数农户转出土地数量较少、分散细碎，而需要转入土地开展农业规模经营的种植大户或私营企业主要求转入的土地连片集中，村组在其中扮演重要的中介作用，另一方面，农户为确保附着在土地之上的收益和权利随土地使用权的转让在转让期间有更好的保障，也倾向于村组的介入。但仍有 21.3% 的农户未经村组同意私下协商转出，一般来说与转入方往往是亲朋好友。

表 5-17 农户农地转出的组织形式

组织	转出户数（户）		转出土地面积（hm²）	
	农户数量	比例（%）	面积	比例（%）
村民小组	9	4.3	1.47	4.2
村委会	142	68.6	23.99	68.4

组织	转出户数（户）		转出土地面积（hm²）	
	农户数量	比例（%）	面积	比例（%）
经管站	3	1.5	0.42	1.2
乡镇政府	9	4.3	1.31	3.7
私下协商	44	21.3	7.89	22.5
合计	207	100	35.08	100

4. 农户农地转出的租金及确定方式

农地转出租金确定方式，与转入存在显著的差异。农户转入农地的租金主要以私下协商居多，而农户转出农地的租金却以村委会确定为主，55.5%的农户转出的55.8%的农地的租金由村委会确定。据调查，在样本地，有不少农户转出农地是由村委会统一协调进行的流转，承包方有的是个体经营大户，有的是从事农业生产的企业。他们有的是通过乡镇以上政府招商吸引过来的，有的是通过民间关系找来的。在转出的23.7%农户转出农地的租金为0.9万元/hm²以上，41.1%的农户转出在0.6万—0.75万元/hm²。35.2%的农户转出农地租金在0.45万元/hm²以下，其中19.3%农户不收取任何租金，这部分形式的流转行为多是发生在亲戚或朋友之间。

表5-18　农户农地转出的租金及确定方式

租金方式	转出户数（户）		转出土地面积（hm²）	
	农户数量	比例（%）	面积	比例（%）
周边价格确定	25	12.1	3.66	10.4
农户协商	67	32.4	11.85	33.8
村委会确定	115	55.5	19.57	55.8
合计	207	100	35.08	100

5.1.2.5 农户农地转出原因及用途

表 5-19 农户农地转出因素

转出原因	转出户数（户）		转出土地面积（hm²）	
	农户数量	比例（%）	面积	比例（%）
外出打工	25	12.1	5.45	15.6
种地赚钱少	35	16.9	4.78	13.6
外出经商	3	1.5	0.49	1.4
种地太辛苦	10	4.8	1.83	5.2
缺乏劳动力	31	15	7.97	22.7
从事非农经营	4	1.9	0.53	1.5
其他	99	47.8	14.03	40
合计	207	100	35.08	100

现阶段我国农地资源较为紧缺。在中部农村地区，农地不仅是农户的主要生产资料，而且还承担着农户家庭的社会保障功能。同时，实行家庭联产承包责任制以后，按照农地均分化的原则，农户所得的承包农地量也是相当有限的。随着农业生产力的提高，广大农户家庭普遍存在着农业剩余劳动力的情况下，仍然还有不少农户坚持转出农地。从表 5-19 分析，农户转出土地的原因是多元化的。13.6% 的农户因外出务工或经商而转出农地。16.9% 和 4.8% 的农户认为种地赚钱少，种地太辛苦而放弃土地，还有 15% 的农户因家中缺乏劳动力而被迫流转土地。值得注意的是，有 99 农户选择其他原因，占转出户数的 47.8%，接近半数，并且转出的土地面积占转出总面积的 40%，达 14.029hm²。通过对其他选项备注的整理归纳，我们发现农户给出的理由是——村委会要求。

从农户农地转出的用途看，34.8% 的农户的农地转出继续用于粮食种植，转出面积占总面积的 46.6%。另有 47.7% 的农地转出后用于种植经济作物和专业养殖，转出面积达 16.72hm²，占转出用途的主要部分。据我们在实地调查了解，这部分土地主要被当地一些种植、养殖大户流转，比如

F 区的天顺达蔬菜基地、L 市的丹水水产养殖基地、G 县的供销河湾九龙龙虾养殖基地。

表 5-20　农户农地转出的用途

转出用途	转出户数（户）		转出土地面积（hm²）	
	农户数量	比例（%）	面积	比例（%）
种植粮食	72	34.8	16.36	46.6
种植经济作物	47	22.7	2.8	8
专业养殖	68	32.9	13.92	39.7
其他	20	9.6	2	5.7
合计	207	100	35.08	100

5.1.2.6　未发生流转的农户对转出土地的态度

在尚未发生流转的 39 户农户中，愿意转出土地的有 21 户，占总数的 53.3%，超过了不愿意转出的比例。其中 33.3% 的农户转出的原因是外出打工，47.6% 的农户认为是缺乏劳动力，66.7% 的农户认为种地赚钱少，28.6% 的农户认为种地太辛苦。当问及愿意转出却没有转出的原因时，52.4% 的农户认为没有人愿意转入土地，38.1% 的农户不知道有谁愿意转入，19% 的农户认为转出价格太低。其他不愿意转出的因素中，38.9% 的农户认为除种地外无其他谋生技能，33.3% 的农户担心转出后收益得不到保障，27.8% 的农户不愿意转出是因为转出价格太低，27.8% 的农户选择了其他，这部分农户不愿意转出土地主要是满足自己基本生活需要。27.8% 的农户担心转出后难以收回。还有 22.2% 的农户认为没有农户愿意转入他们的土地。

5.2　农户参与土地流转影响因素的 Logistic 分析

农户参与农地流转行为，表面看起来是一个农户追求利益过程的简单问题。实际上农户的参与存在异质性：有些农户积极响应，有些农户消极响应，有些农户主动响应，有些农户被动响应，有些农户愿意参加，有些农户则不愿意参加，农户参与农地流转意愿的形成其实是一个复杂的过程，农户的参与意愿既受到主观因素和非主观因素的影响，也受到理性和非理性因素的作用，其实是多因素综合影响的结果。农户参与意愿的形成具有系统复杂性、多因素关联性、区域差异性和特殊性等方面的特征。

5.2.1 农户参与农地流转行为影响因素理论框架构建

对于影响农户农地流转的因素变量，已有很多学者进行了研究。根据本书的中心主题和 X 市农地流转的实际情况，拟从三个大的方面来分析影响农户农地流转行为的因素。即农户个体特征、农户家庭人口结构和外部制度影响。

5.2.1.1 农户个体特征

农户作为农地经营的主体，他们的意愿与行为对于一个地区的农地使用权流转及其机制和模式选择有着根本性的影响（钱文荣，2002）。户主是农户家庭生产经营活动的决策者和主要参与者，其个体特征也会对土地承包经营流转行为有着重要的影响。在这里，我们将户主的年龄、职业、文化程度和身体健康状况等作为农户个体影响家庭土地经营流转的基本要素。

1. 户主年龄。户主的年龄对农户农地的流转具有较大的影响。户主的年龄越大，可能对农业生产有较强的偏好，恋土情结越浓厚，倾向于保留土地不愿意转出土地；另一方面，年龄大了其非农就业面比较窄，更倾向于农业生产，可能会转入更多土地。

2. 户主的职业。我们将户主的职业分为纯农业、农业为主兼业、非农为主兼业和非农业。如果户主主要从事农业生产，为解决农业收入过低，就可能转入土地。若户主从事的是非农产业，能获得的非农收入较高，就容易转出土地。

3. 户主的健康情况。户主的健康情况关系到农户的收支水平。户主的健康情况较差，则家庭负担和农户生存成本相对较大，会对农户参与流转产生影响。一般而言，户主身体好，不仅可以在家从事农业耕种，还可以到外务工。

4. 户主文化程度。户主文化程度的高低与农地的转入转出存在着显性的关系。一方面，户主若拥有较高的受教育程度，可能倾向于在外寻求工作，在农村也会从事非农工作，对农地的需求度相对不高，可能会流出土地；另一方面，户主如果思想比较活跃，在国家政策的导向下，通过转入农地进行适度规模经营，做一个新型的职业农民，相对获得农业的比较收益也会很多，可能会转入农地。

5.2.1.2 农户家庭特征

家庭是社会的基本组成单位，家庭特征是农户决策的基础，对于其经济行为有着较大的影响，对土地承包经营权流转行为同样如此。我们主要从农户家庭人口数量、家庭农业劳动力数量、家庭人均年纯收入、家庭收入的主要来源、承包地面积、承包年限等6个方面来分析农户的家庭特征。

1. 农户家庭人口数量。农户家庭人口数量越多，对农地的需求可能更强，相对倾向于转入农地。如果家庭人口数量多，但并不依靠农地生存，也可能会转出农地。

2. 家庭中农业劳动力的数量。家庭劳动力数量多，并且主要依靠农地维持生存的情况下，可能转入更多的农地。如果劳动力并不以农地作为家庭收入的主要来源，可能对农地需求度不高。本文假设：家庭农业劳动力的数量与土地转入意愿正相关，与土地转出意愿负相关。

3. 家庭年人均纯收入。如果非农收入占家庭年人均纯收入的比重较大，可能对农地需求度不高，如果是因农地规模经营带来的收入的增加，可能会转入农地。

4. 家庭收入的主要来源。家庭收入的主要来源来自非农收入的比例越高，农户可能将精力更多投入到非农工作，不愿经营农地，转出农地的可能性增加。

5. 家庭承包地面积。家庭承包面积较多，如果农业比较收益较大，能够实现适度规模效益，可能会转入更多农地。如果家庭承包面积较小，农户不能从中获取比较收益，可能会转出农地。

6. 农地承包年限政策。农户对农地承包年限政策的认知会影响到农户的流转行为。如果农户知道农地承包年限的政策，而当地农地又能保证长期不调整的前提下，对于有外出务工打算的农户可能会倾向于转出农地，而对于缺地的农户或通过农地实现规模经营的农户则可能会转入农地。

5.2.1.3　外部体制环境

1. 关于土地流转的国家立法和政策因素。国家立法和政策构成了农户从事生产经营活动重要的外部因素。一般而言，国家颁布的政策越具有操作性，农户对国家政策越了解，相应参与农地流转的活动就比较明确。

2. 村委会在农地流转中的角色。在一定意义上，村委会作为村庄公共利益的代表人，承担服务和管理的职能。现实中，一方面，村委会由于过度行政化而演变成了政府的直接下属。另一方面，现阶段村委会以掌握的公共资产控制权从事经营活动，又使其成为经济行动者。突出地表现在土地管理上，如土地的交易、调整、收益分配。因此，村委会对农地流转的态度会对农户参与流转意愿产生影响。村委会对流转越积极，宣传号召就会越到位，农户参与到流转中的可能性也就越高。村委会的职能主要通过村干部来实现，因此，村干部的素质和态度对普通农户的行为决策会产生影响。

3. 地方政府对农地流转的影响。地方政府作为土地政策的具体执行者，同时也是直接的土地收益人，比中央政府更接近农村、对农地流转中农民的需求更加了解。地方政府制定相关流转条例，发布农地流转信息，制定农地流转价格，发展中介组织都会对农地流转产生影响。

5.2.2　农户参与农地流转行为影响因素实证分析

5.2.2.1　模型选择与设计

Logistic 回归分析是适用于因变量为两分变量的回归分析，是分析微观个体意愿、决策行为及其影响因素的理想模型。本书所涉及的因变量是农户的农地流转结果，这是一种定性的变量，其取值有两个，即发生流转与未发生流转，是个两分变量。Logistic 回归是因变量为两分变量应用最多的分析模型，所以在这里采用 Logistic 模型进行分析。

Logistic 概率函数的形式为：

$$p = \frac{Exp(z)}{1 + Exp(z)} \qquad （1）$$

在本书的分析中，农户发生流转的概率为：$p=p（z=1）$，未发生流转的概率为：$1-p=1-p（z=1）$。在 Logit 回归分析时，通常进行 P 的 Logit 变换，即

$$Logit p = In\left(\frac{p}{1-p}\right) \qquad （2）$$

经过 Logit 变化后，得到概率的函数与自变量之间的线性表达式：

$$Logit f(p) = In\left(\frac{f(p)}{1-f(p)}\right) = b_0 + b_1 X_1 + b_2 X_2 + b_3 X_3 + \cdots\cdots + b_n X_n \qquad （3）$$

式中 p 期农户土地流转的概率；f（p）为其 Logistic 回归方程形式，见公式

$$f(p) = \frac{e^p}{1 + e^p} = \frac{e^{b_0 + b_1 X_1 + b_2 X_2 + \cdots b_n X_n}}{1 + e^{b_0 + b_1 X_1 + b_2 X_2 + \cdots b_n X_n}} \qquad （4）$$

5.2.2.2 变量选择与设计

由于研究资料的限制，以及研究时间和研究能力有限，本书没有将理论框架中的所有影响因素都作为解释变量加以计量分析。本着因素重要、数据可行的原则，笔者选取了一些变量以用于实证研究。①反映农户户主特征的变量为：户主年龄、职业、身体状况；②反映农户家庭基本特征的变量为：家庭人口数、家庭劳动力人口数、家庭人均纯收入、家庭收入主要来源、家庭承包经营耕地面积、耕地距离公路距离、耕地成本年限；③其他外部市场、政策、制度等因素特征变量为：土地承包经营权的了解、土地承包法的了解、村中是否有流转企业、村委会干预流转情况、地

方政府是否有流转政策、地方政府发布流转信息状况、地方政府指导流转价格方面。基于实地调研和前文的理论分析，我们可以初步判断各个自变量对因变量的预期作用方向，具体见表 5-21 所示。

表 5-21 变量数据描述

	变量名	变量定义	均值	标准差
变量	转入行为（Y）	未转入 =0；转入 =1		
变量	转出行为（Y）	未转出 =0；转出 =1		
户主个人特征	年龄（X_1）	具体数值表示	50.51	9.398
	职业（X_2）	纯农业 =1；以农业为主兼业 =2；非农为主兼业 =3；非农业 =4	2.12	1.334
	身体状况（X_3）	健康 =1；一般 =1；不健康 =1	2.02	1.193
家庭人口结构	家庭人口（X_4）	具体数值表示	4.65	1.539
	劳动力人口（X_5）	具体数值表示	3.07	1.214
家庭收入结构	人均纯收入（X_6）	2000 元及以下 =1；2001-3000=2；3001-5000=3；5001 以上 =4	2.24	1.080
	家庭收入主要来源（X_7）	农业收入 =1；非农收入 =2；外出务工 =3；其他 =4	2.37	0.847
农户要素禀赋	耕地面积（X_8）	具体数值表示	1.82	3.560
	距公路距离（X_9）	具体数值表示	0.62	0.917
	实际承包年限（X_{10}）	具体数值表示	16.61	14.958
外部环境	土地承包经营权（X_{11}）	了解 =1；不了解 =2	1.74	0.486
	土地承包法（X_{12}）	非常了解 =1；了解 =1；没听说 =3	2.74	0.455
	村是否有土地流转相关企业（X_{13}）	有 =1；没有 =2；不知道 =3	2.58	1.464
	村委会流转干预情况（X_{14}）	很好 =1；较好 =2；一般 =3不太好 =4；很不好 =5	2.62	1.162
	当地政府是否有流转政策（X_{15}）	有 =1；没有 =2；不知道 =3	2.45	0.706

	变量名	变量定义	均值	标准差
外部环境	当地政府收集发布流转信息方面（X_{16}）	非常好 =1；比较好 =2；一般 =3 不太好 =4；很不好 =5；说不清 =6	3.80	1.266
	当地政府指导流转价格方面（X_{17}）	非常好 =1；比较好 =2；一般 =3； 不太好 =4；很不好 =5；说不清 =6	3.70	1.466

表 5-22　农户流转农地影响因素计量模型预期结果

变量名称	农户转入行为	农户转出行为
年龄	−	+
职业	+	−
身体状况	+	
家庭人口	+/−	+/−
劳动力人口	+	
人均纯收入	+	−
家庭收入主要来源（非农）	−	+
耕地面积		+
距公路距离		
承包年限	+/−	+/−
土地承包经营权	+	+
土地承包法	+	+
村是否有土地流转相关企业	+/−	+/−
村委会流转干预情况	+/−	+/−
当地政府是否有流转政策	+	+
当地政府收集发布流转信息情况	+	+
当地政府指导流转价格情况	+	+

注："+"表示正向作用；"−"表示负向作用；"+/−"可能为正也可能为负

5.2.2.3　模型结果分析

由回归结果可以看出，各因素的影响力度是有差异的。在转入模型中，年龄（0.002）、职业（0.000）、农地面积（0.000）、实际承包年限（0.000）、村委会流转干预情况（0.001）、地方政策指导流转价格（0.001）

等因素对因变量的影响最为显著，达到 1% 的显著。距公路距离（0.011）、土地承包经营权认知（0.014）与农地转入呈 5% 显著相关，人均纯收入（0.089）与农地转入呈 10% 显著相关。在转出模型中，影响最大的变量是职业（0.001）、农地面积（0.008）、村委会干预（0.001）、地方政府发布流转信息（0.001）、地方政府指导流转价格（0.000），其次分别是家庭收入来源（0.020）、承包年限（0.015）、土地承包经营权认知（0.055）和人均纯收入（0.090）。各影响因素的显著性检验结果如表 5-23 所示。

表 5-23　农户转入农地行为二元 Logistic 模型回归结果

自变量		B	S.E,	Wald	df	Sig.	Exp（B）
户主特征	X_1	−0.066***	0.022	9.162	1	0.002	0.936
	X_2	−0.972***	0.208	21.936	1	0.000	0.378
	X_3	−0.066	0.159	0.174	1	0.676	0.936
	X_4	0.054	0.148	0.134	1	0.714	1.056
	X_5	−0.008	0.206	0.001	1	0.970	0.992
家庭特征	X_6	0.328*	0.193	2.888	1	0.089	1.388
	X_7	−0.374	0.229	2.659	1	0.103	0.688
	X_8	0.415***	0.117	12.481	1	0.000	1.817
政策政府等外部环境	X_9	0.597**	0.236	6.401	1	0.011	1.817
	X_{10}	−0.076***	0.021	13.332	1	0.000	0.926
	X_{11}	1.506**	0.431	6.005	1	0.014	2.874
	X_{12}	−0.307	0.424	0.525	1	0.469	0.736
	X_{13}	0.514	0.547	0.881	1	0.348	1.671
	X_{14}	−0.715***	0.215	11.120	1	0.001	0.489
	X_{15}	0.054	0.274	0.039	1	0.843	1.056
政策政府等外部环境	X_{16}	0.286	0.174	5.383	1	0.101	1.331
	X_{17}	0.511***	0.151	11.406	1	0.001	1.667
	constant	0.755	2.260	0.112	1	0.738	2.127

自变量	B	S.E,	Wald	df	Sig.	Exp（B）
预测准确率（Percentage Correct）					85.9%	
–2 对数似然值（Log likelihood）					210.099	
Cox & Snell R Square					0.301	
Nagelkerke R Square					0.468	

注：***、**、* 分别表示在 1%、5%、10% 的水平上显著。

表 5-24　农户转出农地行为二元 Logistic 模型回归结果

自变量		B	S.E,	Wald	df	Sig.	Exp（B）
户主特征	X_1	0.025	0.017	2.009	1	0.156	1.025
	X_2	0.473***	0.144	10.758	1	0.001	1.604
	X_3	0.075	0.132	0.328	1	0.567	1.078
	X_4	−0.168	0.120	1.953	1	0.162	0.846
	X_5	0.115	0.162	0.505	1	0.477	1.122
家庭特征	X_6	−0.261*	0.155	2.849	1	0.091	0.770
	X_7	0.454**	0.193	5.530	1	0.019	1.574
	X_8	−0.254***	0.095	7.098	1	0.008	0.776
政策政府等外部环境	X_9	−0.304	0.188	2.609	1	0.106	0.738
	X_{10}	0.036**	0.015	5.900	1	0.015	1.037
	X_{11}	−0.642*	0.334	3.691	1	0.055	0.526
	X_{12}	0.276	0.342	0.654	1	0.419	1.318
	X_{13}	−0.716	0.436	2.702	1	0.100	0.489
政策政府等外部环境	X_{14}	0.564***	0.163	11.919	1	0.001	1.757
	X_{15}	−0.096	0.219	0.191	1	0.662	0.909
	X_{16}	−0.466***	0.135	11.867	1	0.001	0.627
	X_{17}	−0.430***	0.114	14.384	1	0.000	0.650
	constant	1.073	1.800	0.355	1	0.551	2.925

自变量	B	S.E,	Wald	df	Sig.	Exp（B）
预测准确率（Percentage Correct）						78.5%
−2 对数似然值（Log likelihood）						307.250
Cox & Snell R Square						0.254
Nagelkerke R Square						0.352

注：***、**、* 分别表示在 1%、5%、10% 的水平上显著。

1. 户主个体特征

户主的职业对农地转入和转出均有着显著的影响。分析结果表明，户主职业与转入行为呈负相关，系数为 −0.972，与农地转出行为关系明显，显著度为 0.001。对于以从事非农职业的户主而言，农地对其社会保障作用已不再重要，他们为了有更多的劳动时间从事非农业生产，倾向于转出农地。

户主年龄与转入行为相关系数为 −0.066，显著度为 0.002。随着户主年龄的增长，劳动能力不断减弱，家庭收入主要依靠子女外出务工（62.8% 转出农地的家庭收入主要来源来自外出务工），自己只需经营少量的农田予以保障即可，因此转入农地的可能性就会减少（53.9% 转出农地的户主年龄大于 50 周岁）。户主的年龄与土地转出行为呈正相关关系，两者相关系数为 0.025，显著度为 0.156。分析结果表明，户主的年龄越大，农户转出土地的可能性越大。但是这种关系在统计上不够显著。

户主健康情况与转入行为呈负相关，与转出呈正相关。表明当户主身体状况不好的时候，倾向于不转入农地。从统计意义上来说，不具有代表性。

2. 农户家庭特征

从回归结果看，家庭人口数量和劳动力人口数量对农地转入转出影响不大。主要原因是，随着工业化的发展，农户的择业范围越来越广，由于农业相对于其他产业而言，比较收益低，经营风险大，对那些劳动力数量

农地流转中农户、村委会、政府行为的理论分析与实证研究

较多的家庭而言，从事非农业就成为理性的选择。越来越多的农户外出务工，他们虽然仍是农村户口，但因长年不在家，对土地依赖程度较低，土地的转入和转出对其影响并不显著。

家庭人均纯收入在 10% 的水平下与转入、转出分别呈正负相关。从样本区农地流转调查的现状看，当地农地流转尚处于起步阶段，农户农地的经营规模还没有达到规模经济的要求。整体而言，在农地面积既定的条件下，由于农产品价格低，生产成本高，经营农业的比较利益偏低，当农户从事农业生产获得收入较少甚至亏本时，相应转入农地的意愿就低。

家庭收入的来源与转出行为呈正相关关系，当家庭收入来源主要依靠外出务工或经商收入时，农户可能倾向于将人力物力更多地投入到非农产业，以获得更大的收益，转出土地的可能性增加。

农地面积的多少和承包期的长短对农地流转具有显著的影响。模型显示农地面积越少，承包期越长转出的可能性越大。农地是农户重要的基本生产资料，若农户拥有的农地面积过少，不仅不能进行规模化经营，还限制了农业劳动生产率，提高了农业投入成本，从而降低了农户继续从事农业生产的积极性，农户则可能转出农地。

承包期即土地承包经营权的存续期限，承包期越长，承包权越稳定。当前我国耕地的承包期为 30 年。对于农户而言，农地的承包期越长，一方面可以放心地将农地进行暂时性流转（调查显示 51.7% 的农户转出农地的年限在 1~10 年之间），另一方面则可外出务工获取更多的收益。

农户所拥有的耕地距公路距离的远近在 10% 的水平下与转入呈正相关，即农地距离公路越远则可能转入土地，显著度不是很明显。

3. 外部体制环境

土地承包经营权的认知与流转显著相关，与转入呈正相关，显著度为0.014。当农户对承包经营权越了解，越愿意转入农地。

当地政府是否有农村土地承包经营权流转的政策和村中是否有土地流转相关的企业两个变量均与农地的转入呈正相关与转出呈负相关，但相关性并不显著，统计意义不明显，说明这两个因素和当地农户农地的转入转出没有直接的关联。

农户对土地承包法的认知与流转的相关性不显著。对政策的认知是农户进行农地流转的基础。样本数据显示，在发生农地流转的农户中，高达75.1%的农户对《中华人民共和国土地承包法》表示没听说过。这说明我国基本土地政策在农村基层的宣传力度还不够，农民对农地流转认识不够深刻。导致这种现状的原因是当前我国尚未有一部针对土地流转的法律法规，已有的《土地承包法》或《土地管理法》及相关的土地政策均未对农地流转做出细致的规定，比如如何明确农地流转不同利益主体的土地权利和义务，如何协调利益主体的补偿，承包者与发包者应当承担什么样的责任，从而导致地方政府在农地流转实践具有较大的随意性，在一定程度阻碍了农地的充分流转。

模型显示当村中有流转中介组织和村委会干预流转做得不好时，农户倾向于转出土地。作为连接土地供给和需求的纽带，中介组织的介入能维护流转当事人的出让利益，降低交易成本，提高农户经营的效益，有利于增强农户土地流转的意愿。我们了解到当地村庄中内生型的流转中介组织还很少，虽然 X 市 2013 年就在所辖县乡村分别设立了土地流转指导中心、服务中心和服务站，但由于这种部门兴办的中介组织活动范围小，市场功能不明显，服务范围仅限于流转政策宣传、土地确权等工作，对当地流转影响有限，往往被农户所忽略（89.4% 发生流转的农户认为所在村中没有流转中介组织）。村委会是农村社会与村民利益关系最密切、最直接的组织，村干部的态度和行为对农地流转有着直接的影响。调查中，当问到农户农地转出原因时，有 99 农户选择了其他选项，占转出户数的 47.8%，流转面积占转出总面积的 40%，达 14.03hm^2。通过分析，我们发现其他选项备注里给出的理由都是——村委会要求。当村委会对农地流转进行干预时，农户不愿意为了不高的转让收益而招致麻烦，可能会按照村委会的意图转出土地。

表 5-25　预计结论与实际结果比较

变量名称	农户转入行为		农户转出行为	
	预计	实际	预计	实际
年龄	−	−	+	不显著
职业	+	−	−	+
身体状况	+	不显著	−	不显著
家庭人口	+/−	不显著	+/−	不显著
劳动力人口	+	不显著	−	不显著
人均纯收入	+	+	−	−
家庭收入主要来源	−	不显著	+	−
耕地面积	−	+	+	−
距公路距离	−	+	−	不显著
承包年限	+/−	−	+/−	+
土地承包经营权	+	−	−	+
土地承包法	+	不显著	−	不显著
村是否有土地流转相关企业	+/−	不显著	+/−	不显著
村组织流转收益执行情况	+/−	−	+/−	+
当地政府是否有流转政策	+	不显著	−	不显著
当地政府收集发布流转信息情况	+	不显著	−	−
当地政府指导流转价格情况	+	+	−	−

地方政府在发布农地流转信息和指导流转价格在转入和转出模型中都有显著影响，在转入模型中为正，在转出模型中为负。这说明地方政府在农地流转过程中，能及时发布流转信息和指导客观公正的流转价格，农户可能会转出土地。从农地流转现状来看，分别有 55.3% 和 48.4% 的农户认为当地政府在发布流转信息和指导流转价格方面做得不好。X 市在 2010 年将所辖区域主管土地流转的农经局合并至农委，乡镇农经站管理职能划归财政局，在一定程度上弱化了农经行政管理和公益服务职能。并且作为乡镇一级的地方政府由于财力有限，对于农地流转亟须交易平台的搭建、流转信息的发布、流转价格的指导、法律政策咨询等公共服务提供存在缺失，影响了当地土地流转的规模和效益。

5.3 本章小结

本章通过构建 Logistic 回归模型，从农户个体特征、家庭状况、外部体制环境等 3 大因素 17 个因子对农地转入、转出等两个方面进行回归分析，结果显示不同因素的影响和作用程度都有所不同。农户作为参与主体，家庭收入水平与来源、农地面积、农地承包期和户主年龄、职业等因素，都会通过农户的各种行为，如决策、投资和风险规避等，对农地的转入及转出产生直接的影响，进而影响农地规模经营的实践与成效。农地流转的外部体制环境，如中介组织的介入、村委会对流转的干预、地方政府对农地流转信息的发布及流转价格的合理指导等都会对农地流转带来直接或间接的影响。基于农地的转入与转出对象不同、原因不一、用途各异，因此进行农地流转，不能仅将目光停留在农户层面，还应综合考虑其他多方面因素，特别是市场环境和政策环境等。

6 农地流转中村委会行为研究

《中华人民共和国土地管理法》第十条规定：农民集体所有的土地依法属于村农民集体所有的，由村集体经济组织或者村民委员会经营、管理；已经分别属于村内两个以上农村集体经济组织的农民集体所有的，由村内各该农村集体经济组织或者村民小组经营、管理；已经属于乡（镇）农民集体所有的，由乡（镇）农村集体经济组织经营、管理。农民集体所有土地由村集体经济组织或村民委员会、村民小组经营、管理，法律赋予农村集体经济组织、村民委员会和村民小组的职责只是经营与管理，职责意味着既是权利也是义务。从相关法律规定和实际中，村民委员会实际就是起到村民集体组织的作用。村民委员会作为农村基层群众性自治组织，其主要职能是执行村民代表会议的决策，实现村庄社会的自我管理、自我教育、自我服务，办理本村的公共事务和公益事业。村委会行为主体实际运行的过程和效果，是决定农地制度运行效率的主导性因素之一，在农地流转制度的微观配置上，村委会甚至起着决定性作用。因此，也就很有必要将村委会的行为主体纳入农地流转的研究视野。本章主要就村委会在农地流转中的权能和作用、村委会在农地流转中的行为选择、存在的问题、被调查地村委会参与农地流转的现状进行了分析和总结，并辅以案例进行实证研究。

6.1 农地流转中村委会的权能

20 世纪 80 年代以来，新的土地制度改革对土地权利做了划分：土地

83

所有权归集体，土地的经营权归农民个人。土地制度的改革确立了村集体作为村土地唯一所有者的地位。由于农村集体组织大多不存在，村委会作为村集体组织的代表，自然就成农村土地所有权的实际操作者。就农地流转而言，村委会权能主要呈现在以下几个方面。

6.1.1　土地管理权

村委会作为农村集体土地的所有者，有权力也有义务对农村土地流转进行管理，依照相关的法律和政策规定，在土地流转过程中，村委会应该与上级政府土地管理部门一起规范农地流转的行为，以确保维护国家和农民的权益，推动农村土地的经营效率。村委会的管理权限主要体现在以下几个方面：一是对农户的土地流转行为进行备案。依照相关规定，农地流转不得改变土地使用性质，农户的土地流转行为须向村集体经济组织备案，并明确权利、义务的承担主体；二是确保农民的土地权益。农地流转必须签订规范的合同，村委会有权监督农地流转合同的落实情况。合同必须明确土地的用途、流转的形式、土地的位置和面积、流转的价格及支付方式、流转年限和双方的责权利关系等。集体组织要加强土地合同档案管理。作为保障农民土地权利、义务和调解土地流转双方纠纷的重要依据，乡经管部门和村委会对农地流转合同要立卷归档，分类管理，妥善保管，推动农地流转的规范化进程；三是对农地流转行为的监督。村委会有权对土地流转行为进行监督，对于违反法律法规以及政策文件精神的行为进行纠正。

6.1.2　土地调整权

稳定的地权对于土地流转非常重要。1997 年以来，为了确保农村土地权利的稳定性，中央政府一直强调农地承包制 30 年不变，提出了"增人不增地，减人不减地"的基本原则。中央政府的意图非常明显，就是为近 2 亿农户提供长期稳定的土地使用权，确保各级政府在农民土地承包期内不能随便调整更换。土地调整的现行法律规范（包括土地管理法、土地承包法、农业法、物权法等）也对这点有着明确的规定。例如《物权法》

第 130 条规定："承包期内发包人不得调整承包地。因自然灾害严重毁损承包地等特殊情形，需要适当调整承包耕地和草地的，应当依照农村土地承包法等法律规定办理。"第 131 条规定："承包期内发包人不得收回承包地。"因此，依照现行法律规范，除特殊情形外，原则上农村的土地是不能进行相应的土地调整，以避免影响农民投资土地的积极性。但是，由于新的土地制度确立了村集体作为村里土地唯一所有者的地位，因此，决定村庄土地制度的权力就转移到村庄本身，作为基层组织代表的村委会实际上拥有了重要的土地权力，其中就包含土地调整的权力。事实上，由于现有法律关于土地规则的不确定性，集体产权的缺陷，村集体组织拥有最大的自由裁量权。村委会通常会根据实际情况对本村土地进行必要的调整：一是出于公平地权的需求。由于土地对于农民而言具有非常重要的社会保障意义，随着农村人口和社会结构的变化，土地的均衡分配必然会发生改变。因此，村委会对村庄农地的调整，试图消除那些由于人口、职业的变化引起的土地使用不均的问题。另一种情形是出于自身利益进行的调整。由于国家权力在农村的撤出，村干部的独立性和能力大大加强，出于村庄权力的维系和追求自身的利益，村干部可能会对土地进行调整。

6.1.3　土地发包权

农村集体土地的发包方是土地的所有者，任何个人无权发包集体土地。在实行家庭承包的初期，土地主要是在生产队范围内分割承包，发包权主要属于村民小组。现在，发包权逐步上移到村一级。在现有关于土地流转的法律政策文件中，根据土地的归属，由村集体经济组织、乡镇集体经济组织或者村内两个以上的各该农业集体经济组织作为发包方。在集体经济组织不健全的地方，可以由村民委员会或村民小组发包。在《村民委员会组织法》中，也规定了土地的发包权只属于村民委员会。当然，村委会拥有发包权并不等于其随意进行发包，相关法律对于发包的对象，发包的程序以及改变承包关系的改变都有明确的规定。就发包的对象、发包的程序以及改变承包关系的改变都有着明确的规定。就发包的对象而言,《土地管理法》第十四条规定，农民集体多余的土地由本集体经济组织的成员承包经营，从事种植业、林业、畜牧业、渔业生产。也就是说，村委会不能擅自把土地发包给非本集体组织成员。农民集体所有的土地由本集体经济组织以外的单位或个人承包经营的，必须经村民会议三分之二以上成员或者三分之二以上村民代表的同意，并报乡镇人民政府批准；就发包的程序而言，发包方和承包方应当订立承包合同，约定双方的权利和义务。承包方转让土地必须得到发包方的同意，并及时向乡镇人民政府农村土地承包管理部门报告，并配合办理有关变更手续。对于改变承包关系，相关文件规定发包方有权收回土地的情形，如承包地连续抛荒二年，承包地因不可抗力造成损毁并不能恢复耕种的，承包经营者进行破坏性或掠夺性经营，经发包方劝阻无效的，承包经营者不履行承包合同约定的义务等。

6.2 农地流转中村委会的行为分析

6.2.1 村委会在农地流转中的作用

在经济系统下，农户的决策行为受到多方因素的制约。农村政策导向、市场交易规则、土地区位环境等都会对农户的土地流转行为产生一定的影响。此时，需要一个既能代表国家又能代表农户的组织来推动农村土地有序、规范的流转。作为农村基层组织的代言人——村委会是国家意志在乡村社会的集中体现，各项农村政策、工作任务需要通过村委会才能落实，村委会是促进农村土地合理流转，带动农村经济社会发展的坚实力量。

6.2.1.1 管理作用

村委会是农村集体土地所有者代表，负责土地承包经营制度的完善。农村土地流转不仅涉及单个农户承包的土地，往往还包括村集体所有的农业用地。为维护农村经济的稳定运行，当村委会将土地等生产资料发包给农户后，一方面需要与农户签订承包经营权合同，另一方面，针对农户在农地使用中产生的各种问题，还需要村委会管理协调。此外，土地流转所涉及的各项农业配套设施的建设、管理和维护，也必须依靠村委会来承担。

6.2.1.2 中介服务作用

村委会的性质决定了其作为连接单个农户和基层行政组织（乡镇）的纽带，是农村和国家各项政策上传下达的连接点。农地流转中，村委会能够发挥类似中介组织的作用，降低流转活动中各阶段的交易成本，改变各利益主体的决策策略，促进农地流转效率的提高。一是降低信息成本。由于农户相对分散，获取农地流转交易的信息渠道有限。村委会通过建立土地流转的信息档案，收集各种流转信息并及时公布，不仅使农户搜寻流转信息的成本降低，而且信息的准确率和可信度都会大大增强。二是降低谈判成本。村委会作为联结市场交易双方的桥梁，在选择交易对象、进行流转期限和流转价格的谈判上更加具有力量。由村委会代表分散的农户进行谈判，有可能减少谈判的次数、增加谈判的效率、减少谈判涉及的人数等，从而在总体上降低合同的签约成本。三是降低纠纷解决成本。农地流转活动中，如果承包方与承租方因为利益产生纠纷，所消耗的成本是巨大的。村委会的积极介入，一方面可以发挥中介的作用，在一定程度上降低纠纷发生的可能；另一方面，村委会作为农户的代表出面协调解决，可以在短时间内以较低成本解决各类纠纷。

6.2.1.3 监督作用

按照现行法律的规定，土地管理部门对农地流转监督管理的主要职责是流转合同的订立和进行流转备案，侧重于对农地流转前和流转过程中进行监督。土地管理部门对于流转后的农地是否按照流转合同的要求执行显得监督力量不足。村委会作为集体组织代表对本村农地流转后的使用情况相对比较熟悉，由村委会代行土地管理部门的监督职能，能够站在公正的立场维护流转双方的权益，对于流转后的违规行为能够及时予以纠正，从而确保农地流转的良性运行。

6.2.2 农地流转中村委会的行为偏差

村委会作为村落场域内普遍存在的农民组织，其行为是否合理不仅事关村民自治制度的完善，更关系到农民切身利益的维护和农村社会的整合。从村委会实际运行来看，村委会在农地流转中的行为表现显得差强人意。

6.2.2.1 村委会准行政职能过度强化，农地流转行政干预严重

从一定程度上来讲，经济发展水平与民主发展水平之间呈正相关。大量的调查表明，乡村关系越来越受到当地经济发展水平的直接影响。在经济发达地区，乡镇财政已不再单纯依靠对村庄的提取，加上村庄经济资源丰富，各项政府任务都能得到较为顺利地完成，乡镇政府也不用再对村庄进行过多的干预与控制，而更多地体现为指导与服务的职能。村委会能够支配的财力物力都很大，其职能的中心转向提供公共福利和社会服务。对于欠发达地区而言，由于经济发展滞后，村委会干部并不能从村民那里获得他所需要的经济利益，而与掌握优势资源的乡镇政府维持良好关系，则可能会使他获得更多的经济和社会收益，甚至包括重要社会关系资源，这能给其个人家庭或亲友带来种种预期的方便。另一方面，乡镇政府为了确保任期内经济指标达标或超标，也会加大对村治的介入力度。根据科尔曼理论，村委会干部既是自然人又是法人和代理人，他将有意无意地变换角色，以最大限度地控制资源谋取利益。据国务院发展研究中心对全国2749个村庄调查显示：中部和西部地区村干部更倾向于争取上级下拨或补贴，比例分别为88.4%和75.4%，比东部分别高出20.4%和7.4%，表明在一定程度上村委会干部对政府的依赖性更强（国务院发展研究中心，2007）。因此，村委会干部在个人利益的驱动下，可能会违背作为"法人行动者"的理性原则，把完成乡镇政府的工作当作自己的主要任务，功能行政化倾向浓厚，代理人角色突出。正是由于欠发达地区村治"准行政化"趋向突出，导致村委会在凝聚村民意志、维护村民合法权益等方面的作用大打折扣。土地流转是一项复杂的工作，需要必要的行政干预和监督指导，但在实际权利行使中，村委会行使的不是基于委托授权的代理人指

责，而是基于所有者的权利和权利的权力化。村委会未能充分认识土地流转的主体是农民，不尊重农民对土地的主体地位，一味地按照上级指示行事，致使土地征用和流转不符合村民利益，导致农民权益丧失。例如：有些村干部为完成上级政府下达的任务和保证村干部工资的足额发放，在未经全体村民同意的情况下，就强行将村里的耕地转包给外乡的农户经营，引起了村民的强烈不满；有的村干部借口农业结构调整、产业化经营而以集体名义对农民承包地进行流转，形成事实上的土地兼并；还有一些村委会随意调整土地，导致农户与村干部间纠纷异常。这些都对土地流转产生极为不利的影响，也造成干群关系紧张，引发消极因素。

6.2.2.2　村委会经济职能不明确，农地流转管理不规范

村委会存在的主旨是以村民为根，以自治为本；而农村集体经济组织的存在主旨是以土地为根，以土地等财产的集体所有为本。村委会的经济职能主要协调维护本村集体经济组织进行生产服务，其本身并不是一个集体经济组织，不具备经营职能。农村集体经济组织则在法律规定的范围内，经营管理本村的土地，依靠村内的自然资源和劳动力优势，按照市场化的运作方式来发展村内经济，推动土地流转，实现土地的增值。但对于大部分没有集体经济的村落而言，比如调查地 X 市所辖 10 个区（县市）2500 个村庄，仅有 24 个村落拥有村集体经济组织，村委会代行村集体经济组织职能的村数则达 2476 个。并且已有的农村集体经济组织多数是自发组成的松散型的专业协会，涉及领域主要是农产品初加工和货物购销等方面，一般是小规模经营，组织成员的文化素质和市场意识不强，管理制度缺乏规范性，技术实力不强，为农户提供产前、产中、产后的服务非常有限。《土地管理法》规定农村集体土地由农村集体经济组织和村民委员会经营、管理，在集体经济组织空洞化的情况下，这就将村委会指定为唯一的集体土地产权代理人，即不存在代理人市场，农民集体根本没有选择其他主体代理人的权利。制度层面的规范缺失使村委会这一行政组织代替经济组织行使产权主体的职能，掌握实际的集体土地所有权，削弱了集体经济的发展，导致集体土地所有权主体缺位，主体的积极性难以发挥，外

部对集体的侵权难以遏制，产生诸如土地流转运作不规范、无人管理，任凭承包农户在合同履行过程中，随意将自己的承包地流转。流出流入双方仅凭口头协议，无书面合同。即使有书面协议，但由于手续不完备，条款不清晰，一旦土地增值，就引发合同纠纷。

6.2.2.3 村委会干部社会动员能力不足，农地流转服务意识差

社会动员能力的大小取决于组织者满足被动员者实际利益的程度，它决定了组织者与被动员者所处的关系状态。村委会干部的民主素质、法治素质是村庄发展的必要前提。在发达地区农村，经济实力比较雄厚，农村社会分化初步形成，农民有较强烈的利益要求，参与政治的意识和愿望强烈，当选的村干部普遍是能给村民带来经济实惠的能人，有号召力的社会精英，他们综合素质比较高，社会动员能力强。这些村干部认为要靠招商引资、出租集体资产或集体土地来壮大集体经济实力，比例分别站 74.5% 和 81.1%，分别比中部和西部村庄高 16.5%、37.5% 和 12.7%、30%（国务院发展研究中心，2007）。针对经济发达地区土地社会保障功能的弱化，土地规模经营有利于获得更高土地增值收益的现状，多数村委会村干部对土地规模经营持肯定和支持的态度，积极服务引导参与推动土地流转。徐旭于 2003 年对浙江 58 个样本村的村委会干部调查显示：完全支持的和支持农村土地流转的占 74.2%，表示无所谓的占 22.4%，表示反对的仅占 3.4%。当遇到由于个别或少数农户不愿意而影响土地流转时，村干部往往会再三做这些农户的思想工作，通过种种途径调动这些农户进行土地流转的积极性。浙江上虞市章镇河浮村集中连片发展 6.67hm² 花卉，这 6.67hm² 土地涉及 20 多个农户，土地调整时有 16 户农户不愿放弃承包地，也不愿种植花卉。该村村委会采取集体机动地与农户承包田置换的办法，使土地得以流转。而欠发达地区的经济发展现状的落后性决定了产生权力精英领导的基础还不牢靠。由于经济发展不发达，农村精英的大量外流，当选的村干部多为年龄较大、能力一般的村民。根据有关部门对陕西礼泉县和河南叶县、鲁山县以及湖北大悟县等 11 个乡镇 13 个村委会进行调查，结果发现，村干部年龄在 40–50 岁的占 49.3%，大于 50 岁的

占 22%，84% 的干部为小学及初中文化程度（郭兵和王征兵，2006）。比如：有些村干部对如何搞好土地流转感到为难，认为土地流转必然涉及农户承包地的调整更换，而二轮承包经营权证书已将农户土地固定下来，流转难度大，不愿进行土地流转。有些村干部则认为，确权到了户，怎么种是农民自己的权利，只要农民不改变土地用途，流转不流转与集体没有多大的关系。对农户经营土地的实际困难和问题协调解决不力以致土地流转呈自发、放任状态，随意性大。这种状况最终导致群众对村委会认同感的下降，村委会作为法律上的集体土地所有者，其所有权随着土地承包权的一再延长及土地调整权的实际丧失，而逐渐在村民的心目中被虚化。而随着村庄公共权威的"真空"状态，又加剧了村庄秩序的失范和认同体系的失控，村庄自我整合能力进一步弱化。

6.2.2.4 村委会自治能力不足，农地流转无法有效组织实施

一是社会服务化体系不健全，规模经营主体发育的市场动力不足。健全的社会化服务体系是实现农村土地流转及适度规模经营的基本保证。税费改革后，村委会的基本运转主要靠政府财政的转移支付，在一定程度上造成村级财政短缺，且不说能实施富民的经济项目，就连修桥补路这样的基本工程都无法实施，使得村委会在村级管理中只起维持的作用，不仅制约土地流转机制的运行，也难以实施有效的公共管理和提供必要的公共服务。此外，欠发达地区整体经济水平较低，有经济实力的企业较少，加上农地集中成片难度大，从事农地适度规模经营机会成本高，资金投入回报率较低，且面临自然和市场双重风险，效益难以保证，因而无法像沿海地区和大城市郊区吸引投资者，土地流转无法有效组织。二是"一事一议"制度流于形式，农民缺乏话语权。"一事一议"制度是税费改革后村民参与村务管理的基本形式和途径，关系着村级组织的维系及村内公共产品的提供。村委会服务自我的职能能否发挥及发挥多少取决于"一事一议"的成效。但由于欠发达地区自然条件恶劣，村民文化素质不高，一事一议筹资额严格实行上限控制的原则，使得"会难开、议难决、款难筹"。真正问题的核心不在制度本身，而在于制度在什么样的基础上实施。根据规

定，所议之事必须经三分之二以上的村民代表才有效，但现实生活中一方面由于不少村民外出务工，村民代表会议根本达不到法定人数，另一方面在一个村落中，不同位置的村民对公共物品的需求不同，给不同农户带来收益也是不一样的，所议之事难以统一。就土地流转而言，由于土地远近优劣不同，所带来的级差地租差异显著，村民出于个人利益的考虑，很难达成一致。因而在土地调整等重大村务决策上，仍由少数村干部决定。

6.2.3　村委会农地流转中行为选择机理

作为行动主体的村委会干部，要么出于经济性的收益，要么因为社会性的收益而采取积极的行动。若无任何利益可图，村干部很难按照制度行动。

6.2.3.1　经济性收益

经济性收益指村干部从该职位获取的直接经济收入，包括工资性收入和寻租性收入。村干部工资性收入主要来源于所属乡镇，当前乡镇一级财政权已上挂，主要依靠县级财政转移支付，由于乡镇财政开支比较紧张，划拨出来用于支付村干部工资的专项资金相对不足。此外，受当地社会经济发展的影响，加上地理位置、资源禀赋等环境条件，导致各地乡镇政府对村干部工资发放的标准差异也较大。从全国整体情况来看，村干部工资性收入相对较低，尤其是欠发达区域村干部的工资还存在拖欠现象，极大地影响了村干部工作的积极性。因此，村干部出于经济收益的需求，可能会利用职位寻租，获取各种灰色收入。

6.2.3.2　社会性收益

社会性收益指的是村干部从该职位获取的精神收益，包括在农户中树立威信、自我政治抱负的实现等。现行政治体制下，村干部为了实现自我政治抱负变成体制内公务员身份的可能性很低。随着新型城镇化的发展，外出务工人员的常态化，传统文化在村庄逐渐弱化，但舆论和道德依然在熟人社会的村庄中发挥重要作用。获取村民的尊重，成为村庄利益的当家人和保护人是村干部社会收益的主要需求。从农村的实际情况来看，只有那些传统文化保持比较完整的农村地区，村干部较为看重社会性的收益，因为村庄拥有密集的文化网络，并具有自主生产价值的能力。

6.2.3.3 基于寻租利益的行为介入

当前由于我国农地产权的虚设，村委会成为村庄土地所有权的代言人。如果村委会干部获取社会性效益偏低的情形下，就可能从农地流转寻租获取经济收益。为了获取额外的租金，村委会可能采取反租倒包或其他形式，代表农户与农地需求者谈判，然后在农户不知情的条件下，将实际支付农地租金扣留部分变成自己的灰色收入。用公式简单表达如下：

①村委会合理介入农地流转：

$$TI \geqslant TC \qquad\qquad （1）$$

式（1）TI 代表农户流转土地后获取的总收益；TC 指包括农地流转的谈判费用、支付发生流转农户的租金、契约成本等在内的总成本。

②村委会基于寻租利益介入农地流转：

$$TI' + P \geqslant TC \qquad\qquad （2）$$

式（2）TI′ 代表农户流转土地后获取的总收益；P 是村委会寻租收益；TC 指包括农地流转的谈判费用、支付发生流转农户的租金、契约成本等在内的总成本。

结合（1）（2）可得，

$$TI' \leqslant TI \qquad\qquad （3）$$

当村委会基于经济利益介入农户成本经营权流转时，农户所得的总收益明显小于应合理得到的总收益。

6.3 村委会参与农地流转的实证研究

6.3.1 扮演的角色

从图 6-1 可以看出，调查地 33% 的农户认为村委会在当地流转中扮演的是旁观者，24.7% 农户认为是领导者，12.8% 的农户认为是联络者，13.5% 的农户认为是谈判者，认为是武断者和调停者各占 9.3% 和 6.7%。

当我们问及村庄中各群体之间利益关系时，认为农户与地方干部的利益不一致的农户比例高于认为两者利益是一致的比例，分别为39.8%和29.1%，还有31.2%的农户说不清两者之间的关系。从这两组数据，我们可以推断，农户对地方政府在农地流转中的扮演的角色是不满意的，说明当地政府干部自身认识的不足，导致对土地流转宣传得不够。因此，村委会应明确在农地流转中的服务与引导者的角色，做好服务工作，切实维护流转农户和集体的利益。

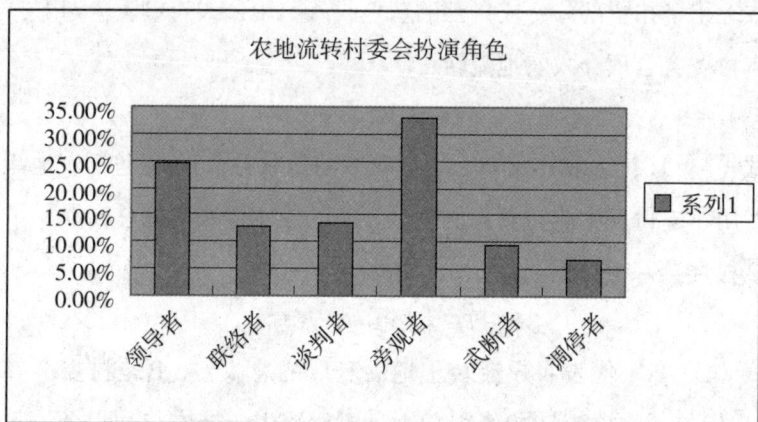

图6-1　村委会在农地流转中的角色

6.3.2　政策执行方面

表6-1显示，农户对国家土地流转政策总体层面上比较满意的，满意度依次为"土地流转必须平等协商"，认为合理程度最高，达96.8%；"土地流转收益归农户，任何组织和个人不得擅自截留、扣缴"，比例为96.5%；87.5%的农户对"在同等条件下，本集体经济组织成员享有优先权"表示赞同；87.4%的农户认为"土地流转的期限不得超过承包期的剩余期限"；还有72.1%的农户认可"土地流转不得改变土地所有权的性质和土地的农业用途"。值得注意的是，21.2%的农户对该项政策表示了不认同。这部分多数是在外务工的农户，由于他们主要从事非农工作，对土地依附性逐渐降低，当农地对他们而言并非维持生存的前提下，若能改

变承包农地性质并获取一笔高昂补偿，他们可能会放弃土地承包经营的权利。

表 6-1　村委会在农地流转政策执行概况

项目	合理程度					执行情况				
	非常合理	较合理	一般	不合理	很不合理	很好	较好	一般	不好	很不好
流转平等协商	63.1%	33.7%	2.9%	0.3%	0	16%	33%	19.9%	19.2%	11.9%
不改变农地用途性质	23.7%	48.4%	6.7%	11.9%	9.3%	11.2%	33.7%	29.8%	15.4%	9.9%
期限不超过剩余期限	36.8%	50.6%	6.1%	5.4%	1%	13.1%	37.2%	35.6%	10.9%	3.2%
受让方有经营能力	39.7%	46.5%	8%	5.8%	0	11.8%	39.7%	35.9%	10.9%	1.6%
组织成员优先流转	43.3%	44.2%	8.7%	3.5%	0.3%	16%	26.9%	33.3%	16.7%	7.1%
流转收益归农户	60.9%	35.6%	3.5%	0	0	19.9%	26.6%	32.7%	13.5%	7.4%

　　相比之下，虽然农户对本村在上述各项政策中执行认可度均在 50%以上，但与政策的赞同度比起来还是有较大差距。有 31.1% 的农户对本村在"任何组织不得强迫承包方流转"执行表示不满意。本书在第五章曾经提到，在调查地农地转出原因这个选项中，在发生转出流转行为的 207 户中，有 99 户选择的原因是其他，占转出总户数的 47.8%，接近半数，并且转出的农地面积占转出总面积的 40%，达 14.03hm^2。通过对其他选项备注的整理归纳，发现农户给出的理由是——村委会要求。当村委会对农地流转进行干预时，农户不愿意为了不高的转让收益而招致麻烦，可能会按照村委会的意图转出土地。有 25.3% 的农户对村委会在执行"不改变农地用途"政策表示不认可。一些村庄在调查中发现，当地为了经济发展的需要，将一些农户的土地规划用于招商引资工业园的建设，由村委会出面协调将这些农户的土地以转让的方式转给用于工业生产的企业。20.9% 的农户认为村委会在农地流转中截留了属于农户的利益。23.8% 的农户表示在二轮承包时，村委会并没有保证本集体组织成员有优先享有承包的权利。还有 14.2% 的农户表示转出的农地超出了承包期的剩余期限，我们在调查

数据中也发现，在村委会组织转出的农地中，有9户农户农地的转出期限在30年以上。因此，村委会要通过加大对土地流转的法律、法规和政策宣传，让广大农民知晓土地流转政策。要帮助农民算好经济账，在引导广大农民维护自身合法土地承包经营权的基础上，积极参与土地流转。村委会应遵循依法、自愿、有偿的原则积极引导和推动农村土地流转，加强对农村土地法律、政策的学习和宣传，通过举办法律和政策培训班、广播电视等各种途径提高基层干部的法律意识，增强广大农民的维权意识。加强村委会对农村土地承包经营权流转的管理，需要从以下两方面入手：一是应该加强对农村土地承包经营权流转相关政策和法律的学习，特别是要全面掌握和区分流转的方式，加强对土地转让的管理。二是应该加强流转管理的责任意识，对需要备案的流转合同及时备案并向乡（镇）土地管理部门履行报告义务，同时加强本村流转档案的管理工作，确保土地流转有据可查，以便及时有效地解决流转纠纷。

6.3.3 对当地农地流转的影响

我们在调查点一共选取312户农户作为此次调查的样本。312户样本中，39户没有发生过任何流转，有273户参与了流转，其中转入农地有66户，转出农地的有207户。转入农地66户中，仅有9户是通过村组转入的，占转入总户数的13.6%，私下协商进行流转的农户则达到84.8%的比例。虽然经村组转入的户数较少，但转入的农地面积却占到转入总面积的39.4%，说明当农户转入农地数量较大时，倾向于寻求村组出面协商。在转出农地的207户中，有151户是由村组发起流转的，转出的农地面积达25.47hm^2，占转出总面积的72.6%，在农地转出过程中，村委会参与了大部分的土地转出活动，发挥着重要的作用。因此，我们主要从村委会在农地转出中的行为来分析村委会对当地农地流转的影响。

6.3.3.1 对流转价格的影响

农地流转价格本身受到很多因素的影响，包括农地的区位、土地质量、农地流转期限、农地流转形式等多个因素的制约。但农地流转价格的真正形成还有赖于信息筛选的能力、谈判的能力等。村委会参与农地流转活动对流转价格的形成具有一定的影响。实地调查发现，村委会是否介入对农地流转的价格具有一定影响。首先从农地流转价格的频数来看，由村委会组织转出的农地价格主要集中在 0.75 万—0.9 万元 /hm² 之间，占通过村委会转出农户的 45.1%，而私下协商转出农地的农户中有 68.2% 是没有租金的，剩下农户私下协商转出的农地价格主要集中在 0.15 万元 /hm² 左右。从平均价格来分析，通过村委会的流转约定价格平均水平为 0.57 万元 /hm²，而不通过村委会的流转约定价格远低于这个水平，只有 0.085 万元 /hm²。农村基层组织的参与使得约定价格趋于一个比较稳定的水平，并且有农村基层组织参与的农地流转活动其约定价格明显高于没有农村基层组织参与的约定价格。这说明，村委会参与农地流转，可以发挥中介协调作用。通过对农地的资源禀赋、区位、距离公路远近等因素的分析，合理评估农地的价格，保障参与流转双方的正当权益。

表 6-2　村委会对农地流转价格的影响

租金	通过村组转出（户）		私下协商转出（户）	
	农户数量	比例（%）	农户数量	比例（%）
0	9	6	30	68.2
1–399 元	18	11.9	12	27.3
400–499 元	50	33.1	0	0
500–600 元	68	45.1	2	4.5
601 元以上	6	3.9	0	0
合计	151	100	44	100

6.3.3.2　流转约束条件的影响

村委会的参与，对于农地流转活动的执行和监督成本很有影响，提高了农地流转契约的规范性，减少了矛盾纠纷的发生，有效地预防了交易双方的机会主义行为，维护了交易双方的权益。

对于农地流转活动如果交易双方达成一致，就会形成某种契约，在本次的调查范围内，这种契约的表现形式有三种：书面合同、口头协议和无任何协议。通过村委会发生的流转地块中，有71.52%的农户签订了书面流转合同，而私下协商转出土地的农户中，68.2%的农户是通过口头约定这种风险较大的契约形式来约束双方行为的，还有25%的农户没有签订任何协议，仅仅只有6.8%的农户签订了书面流转合同。村委会的介入能进一步规范流转双方的权利职责，有效规避流转后出现的风险。

表6-3 村委会对农地流转年限的影响

年限	通过村组转出（户）		私下协商转出（户）	
	农户数量	比例（%）	农户数量	比例（%）
没有年限	20	13.2	30	68.2
1~9	18	11.9	9	20.5
10~29	104	68.9	2	4.5
30以上	9	6	3	6.8
合计	151	100	44	100

流转期限的约定对于农地流转活动的执行和监督有着很重要的影响。流转期限不确定，在活动执行过程中发生纠纷的几率就会大大增加，无形中增添了农地流转活动的交易成本。村委会对农地流转的流转期限也有着很大的影响。调查发现，通过村委会介入发生的流转，转出期限在10~29年比例最高，达104户，占转出总户数的68.9%。较长的流转期限对于流转交易双方而言是互惠的。对于承包方而言，较长的流转期，可以不用担心农地的反复流转带来的不稳定，能放心地从事非农经营，获得更多的收益；对于流转方来说，可以在稳定的期间内进行有效的投入，从而增加农地的使用效益，提高个人的综合收益。私下协商转出农地的农户中有高达68.2%的农户转出农地是没有约定年限的，9年以下的也占到20.5%。这个数据说明，较短的甚至不明确的期限约定是不利于农地流转的稳定高效运转的。一方面，较短的甚至不明确的期限约定增加了流转活动的潜在风险，大大提高了纠纷发生的概率，从而增加了流转活动的交易成本；另一

方面，考虑到部分农户之间不仅存在着经济利益关系，还存在亲属与邻里关系，交易双方的信任就足以约束交易双方的行为，因此不需要书面合同或者较长的流转期限来体现双方的承诺、维护流转的稳定。

6.3.3.3 对流转半径的影响

表6-4 村委会对农地流转区域的影响

区域	通过村组转出（户）		私下协商转出（户）	
	农户数量	比例（%）	农户数量	比例（%）
本组	8	5.3	30	68.2
本村外组	6	4	8	18.2
本乡外村	24	15.9	1	0.2
本县外乡	83	55	0	0
外县	30	19.8	5	11.4
合计	151	100	44	100

村委会通过发挥其准中介组织的作用，可以通过其本身参与农地流转活动来扩大了农地流转的交易半径，打破了农地流转的交易封闭性，使得农地使用权在更大范围内流动。从表6-4可以看出，由村委会组织农户进行的流转，仅有9.3%农户的农地转进了本村，15.9%农户用地转到本乡，55%农户的土地转到本县外乡，甚至有19.8%的农户用地流转到了外县。私下协商转出农地的农户中大多数土地转到本村，比例占到86.4%。从转出对象看，村委会参与的农地活动，有45.6%农户用地转给了工商私营企业主和个体工商户，48.3%的农户土地转给了养殖、种植大户，转给一般农户的仅占5.3%。而农户私下协商转出的农地有81.8%转给了一般农户，这部分农地的转出主要发生家人和亲朋好友之间。村委会的介入扩大了村庄农地流转的半径，使外部经营主体以各种形式参与到村庄内农地流转中来，进一步扩大了农户农地流转的社会空间，也有利于农户有更多的选择实现自身的利益。

6.4　农地流转中村委会行为的案例分析

6.4.1　返租到包（行政强制）村委会主导的土地流转

6.4.1.1　案例

A 村位于 F 区以西偏北，316 国道以南，汉江以北，整个村落地处公路两边，离市区车程只需 10 分钟，交通环境比较优越。A 村共有农户 579 户，农业人口 2323 人，其中农业劳动力人口 1400 人，年人均收入 7200 元，家庭承包面积 97.532.67hm²，人均耕地面积 7 分地左右，主要从事粮食、蔬菜等农业生产。2012 年，区农业局一名干部找到村主任 H，其有一亲戚 T 准备在该村承包 2.67hm² 的土地用于种植蔬菜。于是村主任 H 找到该村 12 户居民，这 12 户承包的 2.67hm² 均连在一起。村主任 H 对 12 户农户进行游说，明确 30 年承包关系不变前提下，村委会将他们的地全部反租过来，然后统一向外发包，租金由村委会代表他们来谈判，并承诺村委会给的租金和外来发包的租金是一致的。由于 A 村离市区很近，农户人均耕地面积又很少，外出务工人员非常多，将土地承包出去，不仅省去各种生产投入费用，还可以获得一定的租金，能放心干自己想干的事情，于是 12 户便认可了村主任 H 的要求，并约定 2.67hm² 流转期限是 20 年，流转价格为每年 0.45 万元 /hm²。随后村主任 H 与 T 谈判，并以 0.75 万元 /hm² 的价格将 2.67hm² 地转包给 T。由于是村委会主任 H 与 T 进行沟通，这 12 家农户并没有见到合同的内容，此后也并没有拿到流转合同书。2012 年，T 注册成立了一家公司，主要经营蔬菜种植，农副土特产品的生产、加工、销售，农业新技术、新品种推广服务。2015 年，由于当年天气原因，导致 T 经营公司亏损，于是 T 放弃了与 A 村 2.67hm² 地的合同，直接撤资离开，2.67hm² 土地 18 年期限的经营权就被搁置了。这种状况下，村主任 H 利用自己的关系将 2.67hm² 农地以 0.9 万元 /hm² 价格转包给了第三方受让方 Y 农业科技有限公司。后来 12 家农户无意中得知此消息后，非常气愤，直接找到村主任 H，要求将 H 将反租倒包获取的额外租金退还他们。村主任 H 私下找到领头的农户 M，将 M 流转的农地按照新的合同支付流转收益，于是 M 退出与村主任 H 的谈判纠纷中。其他的 11 家农户看着没人带动，觉得即使和 H 闹也没有最终结果，所以也只是嘴上发发牢骚，最终这场纠纷以农户的忍气吞声告一段落。通过计算，我们发现，$2.67hm^2$ 农地按照 0.45 万元 $/hm^2$ 元的额外收入计算，18 年的合同期限加上之前 2 年 0.3 万元 $/hm^2$ 的额外收益，村主任 H 利用反租倒包的形式成功攫取大约 23.2 万元本属于 12 户农户的农地流转收益。

6.4.1.2　制度分析

反租倒包是农地流转模式中的一种载体，指村委会以租赁的形式将已发包给农户农地集中转到村集体，我们称这一步为反租。然后由村委会将反租的具有一定规模且连片的农地以倒包的形式转给有农地需求的专业大户、家庭农场或从事农业经营的企业。反租倒包这种流转方式，一方面给愿意将农地转出去的农户一个平台，这种通过规模流转的农地租金相对比较高并且可以使农户将精力投入到非农经营或务工获得更多收益；另一方面，这种方式节省了承租者的时间和谈判成本，直接可以在连片规模农地上进行经营，从而早日实现经济效益。

反租倒包为主要形式的规模经营需要农民有稳定的非农收入来源作为保障，必须在保障农民的承包经营权及其收益权的前提下才能实施。但实践中反租倒包是一种不平等、信息不对称的"交易"，由于法律对村委会行为的软约束，缺乏监督的权力导致村委会存在违背农民意愿进行强制流转的可能。从本案例来看，村主任 H 利用自己的行政权力把法律规定的"自愿流转"演变为变相的"强行流转"，其在倒包所收取的租金远高于支付给农民的租金，使农民的合法权益受到损害。在反租倒包中最需要解决好的一个问题就是，村委会是否会最大限度地按照农户的意愿、利益来进行农地的流转。村委会成员是否会出于寻租动机来强制性地剥夺农户的土地自有流转权。因此，一方面要完善相关法律法规，将"反租倒包"的内容进行规范化，另一方面当村委会作为农户的代表与承租方谈判时，应通过农地市场中介对流转的农地的价值进行评估。若有农户对预估的农地价格不满意，不愿意流转农地的，可由村委会出面协商将其他愿意流转农户的农地进行互换，从而不以强制意志迫使农户流转，保障农户流转的自愿与自由。

6.4.2 土地股份专业合作社

6.4.2.1 案例

B 村位于 G 县 S 镇以北，全村 540 户，1305 人，劳动力 690 人，常年在外务工 350 人，拥有耕地面积 $100hm^2$，人均耕地面积 $0.0582.67hm^2$，人均年收入 6000 元。

W 是 B 村人，2011 年当选为村副主任兼民兵连长。高中毕业后曾到深圳跑过运输，2005 年回乡办过沙石场，做过建材生意，手头有一点积蓄。2011 年，W 当上了村干部后，曾先后投入 7 万余元试种过 $3.3hm^2$ 土豆、0.67 亩礼品西瓜、1.33 亩白萝卜，可是因季节性不强、收益不高，以失败告终。为摸清当地土壤结构，W 请来华中农业大学资源与环境学院的专家对 B 村土地进行了鉴定。鉴定结果显示：该村毗邻河流，土壤长期浸渍潜育化严重，养分含量低，是典型的低产田。要想让粮食高产，必须加强水利工程投入，做到排灌分离，降低地下水位，同时根据测土配方给土壤增加营养。W 决定开一家公司，成立合作社。于是找到村支书，提出让当地农户以土地入股，合作社把土地交给公司经营，入社农户每年 3 月 10 日前按每亩 500 元拿当年租金，年终根据合作社营利情况按比例分红，并可优先在公司就业挣工资，这一想法得到村两委的支持。

2012 年 11 月，W 牵头成立 G 海煌土地股份专业合作社，随后又成立 X 海煌农业开发有限公司。2013 年 3 月，村文书 Z 第一个跟合作社签下 $0.186hm^2$ 农地的流转合同。此后，本村 540 户农户中有 291 户将自家低产田流转到合作社。2013 年 6 月 G 海煌土地股份专业合作社在 G 县工商局正式注册登记，是 G 县注册登记的第二家土地股份专业合作社。该合作社由 W 等 291 人发起，注册资金 681.365 万元，其中：现金股 90 万元，股权 591.365 万元（291 人的家庭承包土地 1182.73 亩折股）。经营范围主要包括农产品规模种植，农产品销售、贮藏，与农业生产经营有关的技术、信息服务，引进新技术、新品种，开展技术培训、技术交流和咨询服务等。目前已辐射到 B 村和邻近的 S 村 800 多个农户，291 户承包经营权 1182.73 亩土地加入土地股份合作社。股份设置：以每亩土地为一股，每股 500 元（10 年土地承包经营权）。按照"民办、民管、民受益"的原则，实行土地规模经营。保底分红 0.75 万 g/hm^2 中籼稻（当年政策保护价计算）加年终盈余分红为股东红利。

6.4.2.2　制度分析

早在 20 世纪 90 年代初，南海少数村落尝试用土地股份制的方式推行新的农地制度安排，尽管这一模式在全国许多地方已经试行并取得一定的成绩，相继出现了温岭模式、苏州模式、辽中模式和大兴模式等，但对于地处中部偏西区域的 X 市而言还是个新生事物。2012 年 5 月 8 日，L 市茂富农业蔬菜专业合作社注册成立，并在当月挂牌，成为 X 市第一家注册登记的土地股份合作社。2016 年，X 市共成立 35 家土地股份合作社。2016 年 X 市农经工作会议上提出以乡镇经管站为操作主体，市、县经管部门配合指导，通过培育农村土地股份合作社加快农业规模经营步伐，要求 2016 年全市要有 50% 的乡镇创办农村土地股份合作社试点。

土地股份合作社是农户以农村土地承包经营权变成股权入股合作社，农民当上股东。加入合作社的农地由合作社统一耕种，农户除劳动收益外，还可享受年底分红。土地股份合作社实行规模经营后，使农民的家庭承包土地使用权变为了股权，农民当了股东，土地交给合作社耕种管理，农民受益靠分红，利益得到了保障。创新了农业生产经营体制，提高了农民组织化程度，稳定了农村土地承包关系，提高了农户集约经营水平，为真正实现农业增效和农民增收提供了保证。

这种原创自发的股份合作形式，在多数地区仍处于试点起步阶段，实践中存在一些不容忽视的问题。从本案例来看：一是管理运行机制不规范。没有对社员代表大会、理事会和监事会等的具体运作做出解释。调查发现，海煌土地股份合作社由 W 担任理事长、村会计 M 兼任合作社经理，村委会、村支部干部兼任合作社理事会和监事会社员，政社合一的模式不利于合作社的治理结构，可能会导致社员代表大会职能形同虚设。二是股权封闭强，出资方式单一。海煌土地股份合作社章程规定，农地承包经营权入股后，社员不能以抵押和担保的方式对土地承包经营权进行处理，在没有退出合作社之前不能将农地进行流转。并且合作社股权的出资方式相对单一，没有将资金和技术纳入股权中，只是将农户的农地作为股权，容易导致合作社的发展受到资金的制约。三是保障体系和风险机制不健全。在市场风险的影响下，如果土地股份合作社效益不好，股份分红很低，就可能会导致农户的收益会受到侵害。根据海煌土地股份合作社章程条款，对年底分红做出了具体规定，但没有对出现经营亏损、倒闭破产等问题时该如何保障农户的权益进行说明。作为股份合作社注册资本的土地承包经营权，如果受市场的影响出现资金周转问题或因管理不善等原因导致合作社无法经营时，就只能通过农户的承包经营权化解债务，其结果是合作社成员用于出资的土地承包使用权可能会被强制转让给他人，不利于保护农民的合法利益。

结合 G 海煌土地股份专业合作社的案例，在 X 市农经办要求大力发展土地股份合作社的背景下，我们认为土地股份合作社应该循序渐进，不可急于求成。在发展初期应注重积累，一般而言，在合作社成立最初的 1~3 年尽量不分红，将积累的资金用作周转和扩大经营规模，从而为合作社的长期发展做铺垫，等合作社发展稳定，资金和效益积累到一定程度时再进行分红。

6.4.3　村委会以中介身份参与的农地流转

6.4.3.1　案例

C 村位于 L 市 X 镇以北，东靠中型水库马冲，西临汉江和汉十公路，距 L 市区 5 km²，距汉十高速公路入口仅 3km²。全村共有 133 户农户，587 人，农业人口占 95%，常年外出人口 180 人，拥有耕地面积 52.1hm²，其中水田 48.7hm²，旱地 3.3hm²，人均年收入 6900 元。由于该村地理位置较低，且两边环水，大部分土地常年成为水泽地。2012 年 3 月，丹江口市一个从事水产生意的客商 L 来到 X 镇，希望能流转 B 村农地从事水产养殖。由于当地政府有招商引资的任务，X 镇要求村委会能够鼎力支持，村委会也希望能通过规模经营改善环境。此后，B 村村委会共向农民发放宣传单 700 多份，张贴标语 20 余张，召开村组干部会、党员会、群众代表会数 10 次，最后共有 63 户同意将承包的 18.53hm² 农地流转出来。流转土地的农户基本上是一些缺劳动力、缺技术的农户，且大部分地属湿洼地，种植的都是粮棉油等低效作物，一年只种一季，年收入不足 1.35 万元 /hm²，年纯收入 0.75 万元 /hm² 左右。2012 年 5 月，村委会代表 63 户与 L 谈判，L 提出每年 0.45 万元 /hm²，而农户心目中的流转价位在 0.45 万元 /hm²—0.6 万元 /hm² 之间，后经村委会与 L 协商，有土地流转的农户签订的流转合同截止日期为 2032 年 8 月 28 日，土地租赁费每年 4950 元 /hm²（每年 10 月 1 号由 L 将当年全部租金交给村委会，然后由村委会逐户发放），一次性交纳土地复垦押金 70191 元（由村委会代管），在不改变土地用途的前提下，到期后退给 L。2012 年 6 月，L 投资 50 余万元将 18.53hm² 农地进行了改造，将低洼地改成水塘，养殖小龙虾。7 月，L 投资 20 余万元购买龙虾种苗、饲料和麸皮。12 月，L 联合 63 户农户成立丹水水产养殖专业合作社，L 当理事长。合作社给参与社员提供水产养殖所需的生产资料的购买、水产品的销售、储藏及水产养殖的有关技术交流、信息服务等。2014 年 7 月，由于 L 经营转向，预将农地转出。后经 L 牵线，X 市新华书店退休员工 W 和其同事 4 人愿意承接该农地。2014 年 10 月，W 和其他 4 位合资人一次性给 L 支付 92 万转让费，获得 B 村 18.53hm² 农地的使用权。W 代表出资人和村委会协商，将当时流转协议修改后交 X 镇财经所备案，并约定每年 8 月 30 号前将当年流转租金交给村委会。W 与合资人出资 260 万参与丹水水产养殖合作社，W 当理事长。2015 年有共 108 户农户参与合作社，流转面积达到 38.67hm²。2017 年 4 月丹水水产养殖专业合作社获取中央渔业种质资源修复项目批准，项目总投资 109 万元，其中国家财政投资 50 万元，地方 59 万元。已新建生态净化池 2hm^2，改造进水沉淀池 1.3hm^2，鱼池清淤 10hm^2，修建塘间道路 500 米，疏浚进排水渠道 4000 米，种植景观树 100 余株，种养太空莲 100 亩。如今，丹水水产养殖专业合作社已投资 600 万元，改扩建养殖池 41 个，面积 38.67hm^2，发展虾稻连作、虾莲共生、虾鳝套养等立体养殖模式，亩产值突破 3000 元，带动周边农户 200 户，产品远销广州、武汉、上海等地，年实现销售收入 180 万元。

6.4.3.2 制度分析

当村委会中介身份参与农地流转，其性质和功能更偏向于一个农业中介组织，在农地流转过程中主要起着联系与管理的沟通纽带功能：一是间接提高农户流转意愿，通过流转给农户带来实际的经济收益，从而提高农户的流转意愿，促进农地流转活动的顺利开展；二是提高农户和需求方谈判的能力，使流转活动的交易成本降低；三是提高农地流转契约的规范性，减少流转双方因合同信息的不全面造成流转纠纷，切实保障各方经济利益。四是扩大农地流转的空间范围，将农地流转的空间不仅局限于村庄之内，通过与外界的沟通使农地能在村外乃至县外等更大范围内流动。

村委会以中介身份介入农地流转存在着现实的问题：一是村委会代行农地流转中介，组织流转活动范围较小，市场功能不明显。村委会服务范围只是在政策宣传、村内农户间农地的置换调整、村内农地流转信息对外的传播等方面，缺乏专业性的农地价格评估、农地价值测量等方面的功能。二是村委会代行农地流转中介，缺乏专业基础知识。农地流转中介的从业人员应具备金融、法律、农业科技等较为全面的专业知识。由于村委会干部自身文化程度不高，而农地流转中介则需要掌握较高的金融和法律等相关方面的知识，这对村干部而言是很难做到的。三是村委会基于理性经济人利益的诉求，可能在组织农地流转过程中存在寻租行为和机会主义行为。在本案例中，L 将土地复垦押金 70191 元一次性交给村委会代管，在不改变土地用途的前提下，到期后（期限截止时间是 2027 年）退给 L。在长达 20 年的承包期限内，村委会可能会进行改选或调整，这笔押金可能会随着人员的变动流失。一旦村委会交不出 70191 元，承包业主就会放弃对成本土地的复垦，最终利益受损的还是发生流转的农户。

因此，我们认为一方面要鼓励村委会以中介身份参与农地流转活动，发挥正向导向作用，降低农地流转交易成本，增强农户流转的意愿。另一面，可以考虑在承包方和承租方都认同的前提下，将流转收益中的一部分赠予村委会，以提高其参与农地流转活动的积极性，降低其寻租的可能性。

6.5 本章小结

村民委员会作为农村基层群众性自治组织，主要职能是执行村民代表会议的决策，实现村庄社会的自我管理、自我教育、自我服务，办理本村的公共事务和公益事业。就农地流转而言，村委会在其中的重要权能主要体现在土地管理权、土地调整权和土地发包权。从村委会行为主体实际运行的过程和效果看，是决定农地制度运行效率的主导性因素之一，在农地流转制度的微观配置上，村委会甚至起着决定性作用。在目前我国农户分散、规模较小，农地流转市场不健全，流转渠道不通畅等现实情况下，农地流转的运行需要村委会的介入和参与，为农业发展提供助力。然而，我国村委会缺少相对公平、有序的发展空间。现行村委会面临准行政职能过度强化、经济职能不明确、干部社会动员能力不足、自治能力不足等问题。如何建立适宜村委会发展的外部环境，使其在农地流转经济活动中发挥应有的作用是值得我们深入思考的问题。

7 农地流转中政府行为分析

政府是农地流转制度的供给者，政府通过制订相关法律、法规、条例、政策等措施，来调节各经济主体的微观决策，即调节各经济主体是否进行农地流转、流转多少、以哪种方式流转等微观决策方向。因此，政府制定的各项鼓励或限制的政策措施，对农户参与土地流转的意愿和行为有着决定性的影响。同时，各级政府又是农地流转的管理者，即政府依照法律对农地流转市场活动过程和市场主体的行为进行监督、调处并提供相应服务等。各级政府对农地流转行为进行监督管理，规范流转市场，激发农户土地流转的积极性。并且，政府在进行市场监督的同时，获取大量的相关信息，进行筛选、评判，为农地流转供需双方提供信息服务，降低市场交易费用，促进土地流转的发展。

7.1 政府介入农地流转的必要性——市场失灵

伴随土地有偿使用制度的确立和完善，我国农地流转市场从无到有、从小到大、逐渐向规范性方向发展。市场失灵的主要原因在于竞争失灵、公共物品、外部性、不完全市场、信息失灵、失业和其他宏观经济的扰动。当前我国正处于计划经济向市场经济过渡的转型期，尚未建立统一的土地市场，相关的法律法规还不健全，很容易出现市场失灵的现象。"市场失灵"具体表现在以下几个方面。

7.1.1 农地产权权属的模糊性

我国现行土地承包经营权流转制度的首要不足就是农地产权权属的模

糊性。一是产权主体界定的多层次性。《土地管理法》第十条规定："农民集体所有的土地依法属于村农民集体所有的，由村集体经济组织或者村民委员会经营、管理；已经分别属于村内两个以上农村集体经济组织的农民集体所有的，由村内各该农村集体经济组织或者村民小组经营、管理；已经属于乡（镇）农民集体所有的，由乡（镇）农村集体经济组织经营、管理"。从该条规定我们可以看出，当前我国相关法律对产权主体界定比较模糊，乡镇、村委会、村集体经济组织都在一定程度上被认为是产权主体，容易导致集体产权的虚化，使依附在农地所有权的各种权利不能得到很好的保障。二是农村土地承包经营权的性质不明确。当前对农村土地承包经营权的性质争议的主要有物权说和债权说。持物权说的认为农村土地承包经营权属于一种新型的用益物权。但现阶段，无论是理论上还是立法实践上，都存在未将其彻底物权化的问题。持债权说的学者认为"目前的土地承包经营权具有债权性质，并不是因为'承包经营'是一个典型的债的关系术语，而是根据其据以存在的现实法律关系的内容与特点，进行深入分析之后所得的结论。"虽然我国《物权法》基本上确定了农村土地承包经营权的物权性质，但仍然没有将农村土地承包经营权的内容法定化，这就使得实践上起主导作用仍然是债权说，农村土地承包经营权的具体内容仍然由承包合同来约定。

7.1.2　市场中介的缺失

随着城镇化的快速发展，越来越多的农地需要通过规范化的市场进行交易，由于不同交易主体获取信息的不足和复杂的市场运作程序在一定程度上限制了农地的有效供求，这就需要比较完善的市场中介组织来提供各种综合服务，如资产评估机构、委托代理机构、法律咨询机构、土地投资机构、土地融资机构和土地保险机构等。目前，我国农村市场中介组织整体上还比较缺失，虽然各地农业部门都设有分管农地流转的组织，但对于构建具有中介作用的市场组织尚未形成统一的意见。一些地方设立的市场中介只是个摆设，很难对当地农地流转进行有效的咨询和服务，有些地方虽然建立了市场中介组织，但在制度规定上还不完善，不能充分维护农户在农地中的权益，甚至还有不少地方尚未建立中介组织，在很大程度上影响了农地交易的质量。

7.1.3　农村土地流转价格机制失效

农地流转中，租金价格对承包方和承租方而言是非常关键的因素，为了使农地流转双方能在公正合理基础上进行农地交易，对农地价格价值的评估显得势在必行。当前，我国农地市场尚未建立专业的价格评估组织，导致各地流转的价格往往根据主观判断评定。相对而言，农户对市场信息的获取渠道和了解程度在一定程度较弱，使得转出农地的价格和市场实际价格相差甚远，损害了农民的土地权利，也导致农地流转市场将无法承担应有的职责。

当前，农地市场的运行机制存在相对难以解决的问题即市场失灵。因此，建立良性运行的农村土地流转市场的建立需要政府在坚持农户为土地主体的基础上，纠正市场机制中不良因素，采取相关的政策、法律和行政手段对农地市场进行必要的干预，从而推动农地流转的良性运行，这也是政府的职责所在。

7.2　政府在农地流转中的行为分析

7.2.1　中央政府与地方政府在农地流转中的角色

7.2.1.1　农地流转中央政府的角色定位

1. 公共政策的供给者

依照制度变迁的相关理论，中央政府在推动制度变迁方面具有先天的优势，往往在制度变迁的过程中扮演着非常重要的角色。在土地流转制度的变迁过程中，中央政府更多的是对土地流转这一事实的法律确认。随着农村经济社会的变迁，中央政府充分认识到了土地流转对于农村发展和农民生活水平提高以及城乡一体化进程等问题至关重要，积极为土地流转的有序运行创造各种条件，如修改相关法律体系中关于限制农村土地流转的条文，延长农民土地承包期限等。推动土地流转信息的网络化管理，建立科学的农地评定、评估体系，培育市场化运作的农村土地流转中介服务组织，推动发展各类为农业服务的新兴行业，逐步完善社会化服务体系，培育为规模经营主体提供农业产前、产中、产后服务的专业机构。农地政策的演变过程：

（1）禁止土地经营权流转阶段

在家庭联产承包责任制实施早期，国家为了避免农地流转可能会导致的经营权混乱，禁止流转。1982 年《宪法》规定："任何组织或个人不得侵占、买卖、出租或者以其他形式非法转让土地。"1982 年的《全国农村工作会议纪要》也明确指出："社员承包的土地，不准买卖，不准出租，不准转让，不准荒废，否则，集体有权收回：社员无力经营或专营时应退回集体。"这个时期存在的土地流转主要表现为农民为了耕作的便利以代耕和互换等形式开展的流转，且具有地下活动性质。

（2）准许农村土地有限度流转阶段

随着农村人口向城镇转移，农户私下之间进行农地调整的现象越来越频繁。1984 年中央 1 号文件首次提出准许农村土地有限度流转，即只能在集体组织内部社员内转包。文件规定"社员在承包期内，因无力耕种或转营他业要求不包或少包土地的，可以将土地交给集体统一安排，也可以经集体同意，由社员自找对象协商转包，但不能擅自改变向集体承包合同的内容"。可见，20 世纪 80 年代中期，农地流转已经得到政策层面的认可。

（3）法律引导农村土地流转阶段

为了更好地规范土地承包经营权，并促进土地的利用和经济的发展。1988 年 4 月召开的七届人大第一次会议通过了《宪法修正案》，将《宪法》第十四条第四款改为"任何组织或个人不得侵占、买卖或者以其他形式非法转让土地。土地使用权可以依照法律的规定转让"，明确了土地使用权可以依照法律的规定转让。1988 年 12 月 29 日，七届人大第五次会议通过了《关于修改＜中华人民共和国土地管理法＞的决定》。将原来的

第二条第二款更改为"任何单位和个人不得侵占、买卖或者以其他形式非法转让土地",并在此基础上增加了第四款"国有土地和集体所有土地的使用权可以依法转让。土地使用权转让的具体办法,由国务院另行规定"。随着政策、法律对土地经营权权利的规定,农民实际享有的土地经营权得到了提高。

（4）政策鼓励农村土地流转阶段

20世纪90年代初,对我国实施的家庭联产承包责任制缺陷的讨论和推动集体经济的规模经营的主张不断升温。1993年,十四届三中全会通过了《中共中央建立社会主义市场经济体制若干问题的决定》中指出:"在坚持土地集体所有制的前提下,延长耕地承包期,允许土地继续开发性生产项目的承包经营权,允许土地使用权依法有偿转让。"这意味着,除转包外,出租等其他形式的流转也是符合政策的。1993年11月,《中共中央、国务院关于当前农业和农村经济发展若干政策措施》提出:为了稳定土地承包关系,鼓励农民增加投入,提高农业生产率,在原定的承包期到期后再延长30年不变。国务院在国发〔1995〕7号文件中就提出:在坚持土地集体所有和不改变土地农业用途的前提下,经发包方同意,允许承包方在承包期内,对承包土地依法转包、转让、互换、入股,其合法权益受法律保护。

在1998年中共中央通过的《关于农业和农村工作若干重大问题的决定》,再次明确提出要坚定不移地贯彻土地承包期再延长30年的政策,并强调要抓紧制定法律法规,赋予农民长期稳定有法律保障的土地使用权。1999年1月开始实施的新《土地管理法》,其中的第14条,将"土地承包经营期为30年"作为稳定农民土地长期使用权的法律规定,这无疑对增加农民的安全感和预期具有决定性意义。中共中央十五届三中全会明确提出:"土地使用权的合理流转,要坚持自主、有偿的原则依法进行,不得以任何理由强制农户转让。"

（5）政策规范农地流转阶段

2001年12月,《中共中央在关于做好农户承包地使用权流转工作的通知》（即中发［2001］18 号文件）首次将土地流转政策系统化。对土地流转的主体、原则进行了更严格的规定，明确提出，农村土地流转的主体是农户，土地流转必须坚持"自愿、依法、有偿"的原则，明确提出不准搞两田制，对农村集体留机动地的比例进行了严格限制，为防止企业到农村圈地，还指出"中央不提倡工商企业长时间、大面积租赁和经营农户承包地"。

2002 年通过的《农村土地承包法》吸收了之前的大部分政策，以法律形式"赋予农民长期而有保障的土地使用权"，是我国农地流转政策的集中体现，对于指导农地流转具有重大意义。明确了"通过家庭承包取得的土地承包经营权可以依法转包、出租、互换、转让或者其他方式流转。"土地承包经营权流转应当遵循"平等协商、自愿、有偿"的原则，声明了"任何组织和个人不得强迫或者阻碍承包方进行土地承包经营权流转"，强调了土地承包经营权流转的主体是承包方。承包方有权依法自主决定土地承包经营权是否流转和流转的方式。2003 年 3 月 1 日起开始施行的《中华人民共和国土地承包法》第三十二条规定："通过家庭承包取得的土地承包经营权可以依法采取转包、出租、互换、转让或者其他方式流转。"党的十六大报告提出："有条件的地方可依照依法、自愿、有偿的原则进行土地承包经营权流转，逐步发展规模经营。"2003 年 10 月十六届中央委员会第三次全体会议指出：土地家庭承包经营是农村基本经营制度的核心，要长期稳定并不断完善以家庭承包经营为基础、统分结合的双层经营体制，依法保障农民对土地承包经营的各项权利。农户在承包期内可依法、自愿、有偿流转土地承包经营权，完善流转办法，逐步发展适度规模经营。中央政府对农地使用权流转经历了从禁止流转到允许流转再到逐步发展适度规模经营。从此，农村土地承包经营权流转进入规范和法律轨道。

（6）新时期农地流转的方向确立阶段

2008 年中央十七届三中全会强调，"赋予农民更加充分而有保障的土地承包经营权，现有土地承包关系要保持稳定并长久不变"，要求"发展多种形式的适度规模经营",重申了"土地承包经营权流转,不得改变所有制性质,不得改变土地用途,不得损害农民土地承包权益"。2009 年中央一号文件指出"按照完善管理、加强服务的要求,规范土地承包经营权流转。鼓励有条件的地方发展流转服务组织,为流转双方提供信息沟通、法规咨询、价格评估、合同签订、纠纷调处等服务";2010 年中央一号文件指出"加强土地承包经营权流转管理和服务,健全流转市场,在依法自愿有偿流转的基础上发展多种形式的适度规模经营"。

随着一系列政策法规的出台,农村土地流转的规模和形式也发生了很大改变,从过去发生在农民之间的零星的、自发性的土地流转发展到现在规模较大的基于农业规模化经营的,市场化的、规范化的、多元化的土地流转。从我国的农地流转制度的变迁过程中可以看出:中央政府为了提高农地使用效率,在不断地改进规则。对于有利于发展生产和维护农民土地权益的政策继续进行完善和升华,而对于可能损害农民利益的政策则给予坚决的制止,防止农民的土地权益受到侵害。

2. 粮食安全的保障者

粮食安全是一个国家安全与稳定的基本条件,与社会的和谐、政治的稳定、经济的良性运行密切相关。然而,在农地流转的现实中,基于获取比较效益的农地流转导致农地非农化和非粮化成为常态,导致种植粮食的农用地进一步萎缩。为了保证粮食安全,防止基本农田被用于非农用途,必须由中央政府采取强制措施进行保障:一是国务院通过发布《全国土地利用总体规划纲要》等方式,从总体上宏观把握土地的基本使用战略,严受耕地数量红线不被突破。审批省、自治区、直辖市的土地利用总体规划。二是建立耕地保护目标责任制度及考核制度。强调地方各级政府对本区域内的耕地和农田保护面积总负责。为确保国家的粮食安全,中央政府从 1998 年 8 月颁布的《土地管理法》将"耕地特殊保护"单列为一节,实行严格控制耕地转化为非耕地、耕地动态总量平衡、占一补一的制度。1999 年又出台了保护耕地的特别法规——《基本农田保护条例》。2004 年国务院发文重申了以上精神。2006 年国务院进一步明确提出了各级地方政府对耕地、基本农田的保护责任，并实行问责制。2008年10月召开的党的十七届三中全会《关于推进农村改革发展若干重大问题决定》，再次重申了"两个最严格的制度"——坚持最严格的耕地保护制度，实行最严格的节约用地制度。三是运用行政手段，建立农地保护目标责任制度及考核制度，严格执行耕地保护任务，强调各级政府对区域内的耕地和农田面积的保护负责。

3. 农民权益的维护者

土地不仅是农民的基本生活资料来源，也是农民最主要、最可靠的生活保障。对中央政府而言，土地的重要性不仅仅在于维系农村经济的发展与社会秩序的稳定，更重要的是土地是农民对国家权力认同与归属的重要载体。因此，某种程度上，维护农民的土地权益是一个比粮食安全更为重要的问题。中国每次土地制度的变革都是在国家权力的强力主导下展开的。农民往往通过自身土地权利的变化来感受国家权力的形象，作为政治主体之一的农民更加热切地希望能够借助国家权威的干预以解决自己的问题，即农村政治存在着依附性（张静，2000）。土地对于国家和农民而言既是资源也是一种权力，通过土地政策调整起到了平衡国家建设和农民关系的作用（叶国文，2008）。改革开放以来，中央政府一直试图通过各种努力阻止侵害农民权益的事情发生。土地流转涉及农民土地权的转移和让渡，农民合法权益存在着潜在的受到侵害的更大可能，为了防止这种潜在的侵害，中央政府在制度方面予以了高度重视：一是强调农民为主体的农地流转原则。《物权法》《农村土地承包法》《土地管理法》要求农地流转应在法律规范框架下对土地流转合同、流转程序做出较为原则性的规定。强调必须尊重农户的土地流转主体地位，农民拥有对承包土地的占有、使用、收益等权利，农民的土地流转主体地位、自主权必须得到尊重和保障。强调在承包期内，除非他主动放弃土地的承包权，否则任何组织或个人都不得通过任何手段使农民失去承包的土地。二是规范农地流转的程序，试图以程序制约权力。《土地承包法》以及一系列相关的中央政策文件都强调必须依法规范土地流转程序，强调农民自身的整个流转过程中的主导地位，对土地流转合同、土地流转程序做了较为原则性的规定。三是完善有关农地流转的政策法规，稳定农村土地承包关系，以权利制约权利，切实保障农户的合法土地权益。对集体所有土地的所有权进一步界定清楚，组织对集体土地所有权确权登记颁证的工作，把承包地块的面积、空间位置和权属证书落实到农户，严禁借机调整承包关系，以禁止和纠正违法收回农民承包土地的行为。

7.2.1.2 农地流转地方政府的角色定位

1. 农地流转市场的引导者

市场经济条件下，农业是兼有自然风险和市场风险的弱势产业。在中国大部分地区，农民对土地的依赖程度很高，农民仍然把土地作为安身立命的基本生活资料，把土地作为基本生活保障和农业外就业的最后退路。由于土地的社会保障功能和就业功能存在，从事二、三产业的农民认为保留土地承包经营权能够增强适应市场风险的能力，即使在城里务工受挫，还可回农村继续从事农业生产，在一定程度上造成流转农地要素的供给不足。据原农业部的有关统计显示，全国土地流转比例总体还不够，截至2016年底，全国家庭承包耕地流转面积占总承包耕地面积的比例为35.1%，流出农户占家庭承包经营农户总数（2.3亿）的比例超过30%。因此，需要地方政府积极引导农户转变理念，使他们认识到农地流转不仅可以促进家庭承包经营制度的完善，还是保障农民土地权益的集中呈现。

2. 地方流转制度的实施者

我国现行农村土地是虚拟的集体所有，承包者仅拥有土地的部分产权，这部分产权是否可构成农民的财产权，在目前还没有法律依据。陈小君对承包地所有权的调查统计显示：认为土地承包权是国家的农民占41.91%，是乡（镇）集体的占3.56%，是村集体的占29.57%，是村小组的占6.23%，是个人的占17.62%。农地流转市场的主客体不清晰不完整，产权边界的模糊性阻碍了农地产权交易的实现，使农地流转缺乏具体、明确、操作性强的法律规范加以约束。由于中国地域农地差异大，与中央政府相比，地方政府更能了解当地农民对农地制度的需求情况，为市场机制的发展提供稳固的制度框架，并将政府的作用界定在适宜的范围内，为当地农地流转的运行提供一个公正、安全的制度环境。

3. 农地流转管理的规范者

现行土地制度框架下，农地市场存在着许多内生、外生制度性约束。农地市场遵循的各项法律、制度和条例等建设滞后，缺乏相应的市场规制、监督机构来规范运作。土地所有权的横向交易与使用权的纵向交易均无市场规则规范，交易缺乏透明度、公平性，造成农地交易的制度成本、经济成本和社会成本很高。需要地方政府进一步规范市场交易行为，合理规范流转合同内容，建立农地流转登记备案制度，保障农地流转不偏离方向。

4. 农地流转平台的服务者

由于农村社会的相对封闭性和土地交易的中介组织缺乏，农户对农地流转的相关法律知识、相关程序的了解以及信息接受程度等都不全面。由于农户相对分散，个人经营能力也有限，农户的土地供给和需求信息只能在很小的范围内传递。在缺少资金、技术、机耕、农产品加工及销售等配套服务的条件下，大多数农民无力经营较大面积的土地，从而制约了农地的供求平衡。因此，需要地方政府加强流转服务信息平台的建设，发挥公共服务功能，指导相应部门和其他中介组织提供信息、技术及法律等方面的服务，通过典型引导、示范带动的办法，解决农地流转中信息不对称问题，促进潜在交易，扩大土地经营规模。

7.2.2 中央政府与地方政府在农地流转中的行为偏差

7.2.2.1 中央政府农地流转中行为偏差

1. 农村土地流转的相关政策法规不健全

近年来，我国围绕农地流转相继出台了一系列的法律法规，虽然都或多或少涉及农地流转，但都是结合各职能部门自身工作权责制定的，没有形成相对比较一致，具有系统性和权威性的国家立法，导致农村土地承包经营权并没有真正合法、有效、充分流转起来，缺乏可操作性。与土地相关的法律制度不完善。《物权法》从法律上承认了农村土地承包经营权的物权属性，但没有明确农地流转的程序。《农村土地承包法》对农村土地承包经营权的流转形式做出了规定，却没有规定每种流转形式的具体操作规则，很容易在监管不力的前提下歪曲或误解流转形式。《宪法》第10条规定："农村和郊区的土地除由法律规定属于国家所有外，属于集体所有。"《民法通则》对《宪法》里的"集体所有"进行了明确规定；《土地管理法》和《农业法》对"集体所有"进一步界定为"三级所有"，即农村集体土地所有权的主体分别为乡农民集体、村农民集体和村民小组，也就是说农村土地是"我们的"而不是"我的"。对农民来说，所有权的设置是虚无的，基层政府和村民委员会才是集体土地所有权的实际掌控者。在司法实践上，对于农村土地承包经营权的流转纠纷还缺乏有效合理的解决机制。法院以及相关机构在处理流转纠纷的过程中成本过高，使得纠纷得不到合理有效的解决，这也在一定程度上阻碍了农村土地承包经营权的流转。总体而言，我国在农地流转的相关法律构建方面还非常欠缺，对土地产权的界定不清晰，导致实际流转过程中漏洞较多，损害了农户的实际利益，限制了农地的有效流转。

2. 农村土地流转管理监督约束机制不到位

中央政府的管理和监督对农地流转的健康运行起着非常重要的作用。当前一些地方政府出于政绩和利益需要不顾农民利益利用行政力量强制流转，影响了政府的威信力，造成农村土地流转的滞缓，对土地流转产生极为不利的影响。农地流转中地方政府行为失范的主要原因就是农地管理监督机制的不健全。首先表现在土地内部管理混乱。当前我国对农地流转管理牵涉农业、国土、财政等部门，各个部门仅站在部门利益范围内对农地进行约束，各种规章和制度没有进行有效整合，导致政出多门，政令不一，导致地方具体实施起来不知道该如何执行，也不利于农地的监管。以国土管理部门为例，尽管人事权由上级政府控制，但是其财权却掌握在当地政府手中，这导致法律赋予国土部门的执法权难以单独落实，必须依靠当地政府的综合执法力量支持才能实现。另外，出于部门利益的考虑，国土部门在土地行政过程中也存在着利益寻租的现象，即在土地整理、宅基地置换、土地复垦等项目中弄虚作假，而截留土地出让金收益以违法谋取部门利益的现象也屡见不鲜。其次，农地流转外部监督缺失。中央政府对地方政府在农地流转中的财政收入缺乏相应的监督机制，导致一些地方政府可能利用手中的权力寻租谋私，损害农民的合法利益，流转利益无法实现最大化。

7.2.2.2　农地流转中地方政府行为偏差

农村土地资源的稀缺性，决定了地方政府在农地使用权流转过程中介入的必要性与现实性。但我们也应该看到，地方政府由于自身利益的诉求、公共服务理念的欠缺和制度设计的缺陷等因素的制约，在农地流转实际操作过程往往会进行实践的务实主义（姚洋，2008），也同样存在着行为选择的现实困境。因此，地方政府在农村土地流转中统筹公平与效率职能频频缺位就不难理解了。

1. 行政干预现象严重

一些乡地方政府未能充分认识土地流转的主体是农民，不尊重农民对土地的主体地位，少数地方政府为规避国家政策和相关的法律法规，借调整结构或搞现代农业之名，将农户承包的土地租给工商企业搞开发，借土地流转之名，通过非市场化手段，将土地转化为非农建设用地，搞工业区，导致农民失地和丧失土地承包经营权。有的把土地流转作为增加乡村收入的手段，或者作为突出地方政绩的形象工程，损害农民利益。

2. 培育和完善农地流转市场体系的职能发挥不够

土地流转需要成熟的市场，需要政府做好引导工作。当前不少地方政府成立了土地流转大厅，设立了流转中介服务机构，但总体上缺少完善的服务理念和操作性较强的服务措施，导致现实中农地流转信息咨询、价值评估、保险、融资等流转中介服务机构严重匮乏，缺乏对农地价格的评估，供求双方信息交流不对称，不仅阻碍了农地流转的进程，也不利于土地资源的优化配置，而且容易出现纠纷矛盾。

3. 对农地流转法规政策宣传不够

地方政府承担着传递国家意志的角色，由于农民认知土地政策、法规的相对不足，需要地方政府正确引导和政策性保护。有的地方政府认为农地流转就是承包地的重新调整，把维持土地承包关系的稳定与狭隘的地块稳定混为一谈。有的地方政府错误的将土地承包关系的稳定与土地使用权的流转放在对立面，把维持土地承包关系的稳定与狭隘的地块稳定混为一谈。正是地方政府在宣传角色上的不适宜，使农民无法真正认识农地流转，因此不愿意将作为生存保障的土地拿出来进行流转，从而造成农地流转很难形成规模。

4. 缺乏完善的农地流转政策

农地流转的有序运行，农村土地产权制度是否健全、市场规则是否有序是重要的因素外，还取决于与其密切相关的配套制度是否完善。就当前的实际来看，地方政府对农村社会保障、农村基础设施、农业科技推广及农民职业教育支持不够。健全的农村社会保障体系、良好的农村基础设施及完善的农业科技推广和农业职业教育体系能为农地流转创造良好的外部环境，地方政府在这方面缺少完善的服务理念和操作性较强的服务措施，无疑不利于农地流转的快速发展。此外，还缺乏农地流转相关的金融信贷、土地担保及评估等相关配套政策。农村金融业虽然不是新鲜事物，但起到的作用很小，导致农村土地流转金融体系无法有效运行，在一定程度上制约了农地流转的进程。

5. 缺乏有效的引导、规范与监管

一些地方政府仅仅对土地纠纷进行处理，对农村流转地价的评定缺乏科学合理的标准，流转价在合同中没有涉及土地保护的条款，如在租种满收回土地时土地遭到不同程度的破坏以及如何给予补偿均没有明确规定，85.2%的农民反映对受损的土地没有补偿约定（姜羽和白玛，2009）。

7.2.3　中央政府与地方政府在农地流转中的行为机理

7.2.3.1　中央政府在农地流转中的行为机理

中央政府是土地承包经营权流转过程中非常重要的利益集团，决定或制约着土地承包经营权流转的方向，对于流转制度的确立拥有最后的决定权。按照广义理解，我们将中央政府等同于诺斯所说的国家。中央政府在农地流转中扮演着重要的角色，主要从宏观层面——经济发展和社会稳定的视角考虑土地承包经营权的流转。

随着经济社会的发展，中央政府也迫切需要从土地中获得自身利益的最大化，即实现一种帕累托改进，做到既改进和增加农民的福利，也增加国家的租金收入或是民众支持率最大化。在上述前提下，国家从完全控制土地使用权的决策改进为向私人让渡部分权利，从而成为了土地部分权利的让渡者，即通过允许土地承包经营权流转向农民让渡了部分农村土地使用权的决策控制权。由于土地承包经营权流转制度具有公共品属性，中央政府通过制定法律和政策来界定土地承包经营权的流转，对土地承包经营权的流转提供规则和保护，以便使其租金——民众支持率最大化，并且在此前提下力求降低交易费用以使社会总产出最大化，从而使政府税收增加。就中央政府的行为方式而言，它由于拥有国家权力的保障，并且受到意识形态、组织结构等多方面的有力支持，可以采取强制性手段推进制度变迁。农地流转中央政府的行为机理主要是采取三个方面的措施来获得自身利益的最大化：财政政策、法律法规和土地政策。

近年来，中央政府对农业生产影响最大的财税政策主要是包含两个方面：一是农业补贴；二是农业税费减免。粮食补贴政策是建立在农户所拥有的土地上的，即使在自家的土地上种植粮食也可以得到这个补贴。粮食补贴对农地流转的影响主要体现在当粮食补贴归转入者所有时，农地流转价格提高。农业税费的减免导致农民从事农业生产的单位土地面积成本降低，假设在农产品产量和价格不变的情况下，农户从事农业生产的农地面积的收益必然提高。在宪政层面上，中央政府是强制性制度供给的"第一行动集团"，国家的法律规定了地方政府的制度供给选择集（邓大才，2004）。中央政府通过颁布《农村土地承包法》对农地流转的方式、程序、流转合同的签订等进行了界定，明确了农户在农地流转中享有的各项权利，从而在法律上确立中央政府在农地流转中的地位。

中央政府作为土地政策的制订者，稳定农户长期的土地承包权是中央的基本政策，但为了推进工业化、城市化，中央政府也保留了将"农业用地"转为"非农业用地"，将农村"集体土地"转为"国家土地"的权力。中央政府农村土地政策实施的特点是在对土地流转市场进行基本判断之后，考虑是否出台和实施某种调控政策；然后根据微观利益主体对政策的不同反应来权衡实施某种宏观政策的利弊得失，以便确定能否真正达到政府宏观调控的目标。具体政策主要包括两个方面：一是通过稳定和强化农户土地承包经营权，使农民形成较为稳定的收益预期，激发农户投资土地的热情；其二是在稳定农户承包经营权的基础上，鼓励和激活农地承包经营权的市场流转。此外，为了维护粮食安全，同时也为了维护农村稳定，中央政府力图实行世界上最严格的耕地保护制度和土地管理政策，不允许土地政策"政出多门"。严格控制农业用地转为非农业用地是中央政府土地政策的一个重要方面。中央政府正是通过制定和执行相关政策来体现自身存在的。

7.2.3.2 地方政府在农地流转中的行为机理分析

地方政府决策的依据是公共利益，但作为具有独立成本收益函数的"经济人"，地方政府会基于成本收益而采取更加符合政府利益的行为。从某种意义上说，地方政府是否积极地推动农地流转，取决于其对成本和收益的权衡。

1. 地方政府行为成本分析

任何土地流转都是有成本的。有关政府经济学研究表明，影响政府行为的关键因素是成本。作为一个经济主体，地方政府在农地流转过程中介入行为也要占用和消耗各种社会经济资源，以及所引起的各种负担。农地流转中地方政府行为成本主要包括直接成本（C_d）、间接成本（C_i）和社会成本（C_s）三类。

我们将地方政府行为的成本函数表示为：

$$C = C_d + C_i + C_s \tag{1}$$

其中 C_i 和 C_s 属于非直接经济成本或称无形成本，我们用 C' 表示：

$$C' = C_i + C_s \tag{2}$$

直接成本指地方政府农地流转运作所产生的各项费用，主要包括以下几个方面：第一，行政成本。为了保障农地流转正常运行所需要支付的人力资源和物质资源费用，包括政府在机构设置、人员分配、政策评估等方面的政策执行成本。第二，监督成本。实现中央政府目标而对地方政府检查、纠偏所付出的监督成本。第三，配套保障性成本。实行规模农地流转后，相当数量的农民离开土地成为城市居民，但他们在就业、住房、子女入学、医疗保障等方面无法享受市民待遇。在这种情况下，地方政府必须增加额外的公共费用支出，加大对农村转移劳动力的就业培训，做好进城人员社会保障、教育、医疗和配套基础设施建设。

间接成本指地方政府对农地流转干预时受不同因素影响而导致的制度成本增加。首先是委托代理成本。国家对土地的管理是通过委托代理机制来实现的，中央政府通过赋予一级级政府不同权力的方式将土地管理权力下放到地方政府。由于委托人与代理人都是具有独立人格的经济人，使得土地利用、保护的职责和目标在各代理人竞相追逐自身利益的过程中被一次次地扭曲变形，必然产生高昂的代理成本（胡亦琴，2009）。其次是机会成本。指地方政府因实施农地流转而放弃其他要素禀赋所能带来的社会效益和除税收以外的经济效益。再就是协调成本。地方政府部门内部人员之间、部门之间、地区之间的机会主义和官僚主义行为产生的内耗成本与协调成本。

社会成本指地方政府对农地流转的干预在一定程度上会抑制市场自身潜质的发挥，在调节不当的情况下可能会造成政府在当地民众中公信力的下降，产生稳定性成本和风险成本。

2. 地方政府行为收益分析

对于"经济人"而言，凡是能带来正效用的一切因素都要进入其收益函数。在当前市场经济体制不完善的情况下，作为农地制度提供者的地方政府在利益的驱动下，具有机会主义倾向，会对农地权益进行预期分析，按效益最优化进行配置。在农村土地流转中，被限定在农业生产以及农民收入水平提高的土地常常经由地方政府的行为操作被异化为财政收入与政府绩效（陆道平和钟伟军，2012）。我们将农地流转地方政府收益主要分为政绩收益（I_p）、经济收益（I_e）和寻租性收益（I_r）。

地方政府行为的收益函数可表示为：

$$I=I_p+I_e+I_r \qquad （3）$$

其中 I_e 和 I_r 属于直接经济收益，我们用 I' 表示：

$$I' =I_e+I_r \qquad （4）$$

对地方政府而言首要的收益即是政绩收益，亦称间接收益。在我国现行政治体制下，上级政府的考核直接决定了地方政府官员的升迁。由于农地流转往往与农业规模经营、农村劳动力转移和城镇化等中央政府高度关注的问题紧密地联系在一起。因此，地方政府往往将农地流转作为一项绩效工程来对待，通过行政组织的力量，以考核和问责等手段在农村大力开展农地流转活动，从而增强对中央决策的影响力，地方政府官员也由此获得较高的声誉以及进一步升迁的政治资本。此外，地方政府通过为当地农地流转提供一个公正、安全的制度环境和运作规范，维护流转双方及其他社会成员的正当权益，形成相对公平的期望收益，既能赢得本地民众的政治支持，又可以提高地方政府的合法性。

其次是经济收益。经济和税收增长快慢是考察地方政府及其官员的重要指标之一。随着国家放权让利改革的推行，地方政府不仅获得了管辖本地区经济发展的自主权，更产生了相对独立的自身利益。然而分税制改革后，地方政府财政只占有大税种的小部分和小税种的大部分，使得政府财源紧张，财政支出压力不断增加，单靠制度框架内的收入难以满足履行职责的需要。在地方政府经济收益函数中，农地流转能够在一定程度上有效改善土地资源配置效率，提高土地利用率和农业生产效益。一旦大规模的农地流转形成，大企业进入当地进行规模经营，带动当地产业的发展，不仅大大增加地方政府的财政收入，还可以使地方政府获得来自上级和中央政府的财政补贴以及因土地流转绩效突出带来的各种表彰。因此，地方政府着眼于上级的政治压力和地方经济需求，将农地流转作为招商引资、增加地方税收的重要手段。

第三是寻租性收益。土地日益成为寻租的重要资本。地方政府利用掌握的行政权力或机会，把原本属于公共或他人的利益，转变为自己的私人利益。地方政府通常采用热农地"流转"冷界定土地权利，或者是先流转后界定权利就成了维护自身局部短期利益的主要手段（管清友等，2003）。现实中，一些地方政府将农民土地集中起来种植指定的经济作物，建立各种产业化基地，通过政府与厂商签订销售合同来确保预期中的收益；有些地方政府以较低的价格将农民手中的土地强行租赁过来，然后将土地的使用权通过市场的方式以较高价格出租给土地经营者，赚取倒包款与返租款之间的差额；甚至部分地方政府借土地承包经营权之名，发展观光农业、生态园，并变更土地性质用于商业开发。据有关数据显示，土地出让纯收入占地方财政收入比重，除了 2012 年为 9.49% 外，其他年份都超过了两位数，最高的 2010 年超过了 38%（刘展超和张静，2013）。

3. 农地流转中地方政府行为的"理性选择"

政府成本是政府收益的基础，政府收益是对政府成本的回报。地方政府的行为取决于成本与收益比较的结果。在经济社会既定的条件下，地方政府出于有限理性，介入农地流转的预期收益大于预期成本时，就会根据利润最大化原则选择理性行为。

即 $$MaxP = [(I_p + I') - (C' + C_d)] \tag{5}$$

我们假设在地方政府介入农地流转过程中，其无形成本和间接收益没有变化时，则地方政府采取介入的行为主要考虑直接成本和直接经济收益，即 C_d 和 R1。根据地方政府的"经济人"特征：若 R1−C_d < 0，即直接经济成本大于直接经济收益的条件下，地方政府倾向于不作为；而当 R1−C_d > 0，即直接经济收益大于直接经济成本时，地方政府介入农地流转的可能性很大；R1−C_d =0，即直接经济收益等于直接成本时，地方政府一般不会介入，但考虑到地方政府的机会主义倾向，其介入流转的可能性更大。

假设在地方政府介入农地流转过程中，其直接经济成本和直接经济收益既定，则地方政府考虑的重点将转向无形成本和间接收益的对比，即

C1 与 R_p。如果 R_p–C1 < 0，即间接收益小于无形成本时，则地方政府一般不会介入；而 R_p–C1>0，即间接收益大于无形成本时，则地方政府将会强力介入；当 R_p–C1=0 时，即间接收益等于无形成本，同样根据地方政府的机会主义倾向，其介入流转的可能性更大。

地方政府介入农地流转的成本主要是直接成本和间接成本，社会成本虽然具有较强的外部性，但由于缺乏有效的监督机制，导致地方政府容易产生利己行为。现实中，地方政府介入农地流转所获得的直接经济收益已经大大超过了直接经济成本，我们从土地财政收入占地方财政收入的权重可以窥见一斑。相比而言间接收益即政绩收益本身就是地方政府的净收益，所以地方政府介入农地流转的目的就是利润最大化。因此，当地方政府面临农地流转产生的高收益与中央政府实现全社会公共品的有效配置及福利效用目标最大化发生冲突时，就会依据成本收益分析的结果理性选择执行中央政策，从而造成制度变迁阻滞，增加了中央政府的调节成本，导致农地市场资源配置的低效率和社会福利的损失。为了实现农地流转高效率和公平促进这双重目标，需要合理界定地方政府行为边界，从而减少政策的外部效应。

7.3 农地流转中地方政府行为的实证研究

X 市在支持农村土地流转的过程中，制定了一系列政策文件，搭建了相应的流转平台，也出台了一些配套政策。但实地调查发现，在农地流转政策导向、农地流转的角色扮演、农地流转中介组织的培育和农地流转市场运行机制的调节等方面还存在一定的政府缺位和越权现象。

7.3.1 农地流转政策导向

政策学认为：任何一项政策的制定和出台，都不是突如其来的，都有其"前因后果"，即政策环境（胡穗，2007）。土地政策的推行一方面可以保障农民流转的主体地位，保障农民的收益权；另一方面也有利于优化农业资源配置，实现规模经营，从农业内部推动就业非农化。让农民充分了解国家和地方的农村政策，认识到农地流转带来的长远利益。地方政府是土地的管理者，其基本职责在于依法开展对农村土地经营权的指导和管理工作，制定相应规章制度以规范和保护农民的合法权益。

表 7-1　农户对农地政策的认知程度

相关政策法规认知		F 区 频数（%）	G 县 频数（%）	L 市 频数（%）
土地法	非常了解	2（2.8）	0（0）	1（0.7）
	有所了解	31（43.7）	34（32.4）	41（30.1）
	没听说过	38（53.5）	71（67.6）	94（69.2）
土地承包法	非常了解	2（2.8）	0（0）	0（0）
	有所了解	25（35.2）	27（25.7）	26（19.1）
	没听说过	44（62）	78（74.3）	110（80.9）
土地流转工作通知	非常了解	1（1.4）	1（0.9）	0（0）
	有所了解	19（26.8）	11（10.5）	6（4.4）
	没听说过	51（71.8）	93（88.6）	130（95.6）

　　为了解调查地农户对国家土地流转相关政策法规了解程度，我们分别就《中华人民共和国土地法》《中华人民共和国土地承包法》和《中共中央关于做好农户承包土地使用权流转工作的通知》等 3 个政策法规进行调查。《中华人民共和国土地法》于 1986 年 6 月 25 日第六届全国人民代表大会常务委员会第十六次会议首次通过，1988 年 12 月 29 日第七届全国人民代表大会常务委员会第五次会议《关于修改〈中华人民共和国土地管理法〉的决定》进行第一次修改，1998 年 8 月 29 日第九届全国人民代表大会常务委员会第四次会议修订，2004 年 8 月 28 日正式确定。该法是国家运用法律和行政的手段对土地财产制度和土地资源的合理利用所进行管理活动予以规范的各种法律规范的总称。2003 年 3 月 1 日起施行的《中华人民共和国农村土地承包法》是为稳定和完善以家庭承包经营为基础、统分结合的双层经营体制，赋予农民长期而有保障的土地使用权，维护农村土地承包当事人的合法权益，促进农业、农村经济发展和农村社会稳

定，根据宪法，制定的法规。2002 年 11 月，《中共中央关于做好农户承包地使用权流转工作的通知》（以下简称《通知》）进一步明确了农村土地流转的有关政策，是稳定和完善农村土地承包关系，指导农村土地流转健康发展的重要文件。可以说这三个文件是关于我国农村土地流转的最基本的法律法规。

从调查结果看，X 市农户对政策的认知度并不高。相比之下 F 区、G 县、L 市被调查农户对《中华人民共和国土地法》了解程度最高，分别有 46.5%、32.4% 和 30.8% 的农户表示有所了解。其次是《中华人民共和国土地承包法》，分别有 38.1%、25.7% 和 19.1% 的农户表示有所了解。认知程度的最低的是《中共中央关于做好农户承包地使用权流转工作的通知》，仅有 28.2%、11.4% 和 4.4% 的农户表示有所了解。从调查地来看，F 区农户对政策的认知度最高，这和当地政府的政策宣传和重视程度是分不开的。

在 2015 年《X 市农村土地流转和农业规模经营情况汇报》中提到该问题，与一些在政策宣传、制度制定做得好的城市相比，X 市党委、政府制定出台加快农村土地流转的优惠政策不多。报告中提到 2016 年市委、市政府要成立农村土地流转和规模经营工作领导小组，要以市委、市政府的名义出台加快农村土地流转推进农业规模经营的文件，并将农村土地流转和规模经营年度工作目标纳入各地目标考核和实绩考核范畴，在农业和农村经济发展项目中专设考核指标。提出从 2016 年起至"十三五"末，市财政每年安排专项资金 400 万元用于全市农村土地流转补贴、土地流转平台和仲裁机构建设，其中：300 万元用于对规模经营面积 20hm² 以上、流转期限 5 年以上的经营业主一次性给予资金补贴，同时还可享受政府已出台的其他产业化发展扶持政策；100 万元用于土地流转平台和仲裁机构建设以奖代补。各县（市、区）财政也应每年安排不低于 100 万元的配套专项资金，用于土地流转和规模经营的补贴。

在我们调查的样本区县中，F 区农户政策认知度最高。从图 7-1 可以看出，F 区、G 县、L 市分别有 23.9%、12.4% 和 6.6% 的农户认为该区（县）有农地承包经营流转的政策。我们在实地发现 G 县和 L 市虽然以县

（市）委名义制定相关意见，但相对比较宏观，都只是提到各级财政要安排专项资金用于农村土地承包经营权流转的政策补助，没有提到具体的实施规则。而 F 区早在 2005 年就出台了发展蔬菜产业的奖励政策，2008 年又以政发〔2008〕24 号印发了《F 区发展蔬菜产业的奖励办法》。明确对新发展陆地蔬菜达到 3.3hm² 以上的大户、专业合作组织按 750 元 /hm² 给予奖励。对在 F 区注册兴建蔬菜基地的公司，种植规模达到 33~66hm² 的，给予 3 万元奖励；种植规模达 66hm² 的，给予奖励 5 万元。2016 年，F 区政府又出台了《关于做好农村土地承包经营权流转促进农业规模经营意见》，明确了推进土地流转的目标任务和保障措施，同时从政策上引导土地资源合理优化组合，促进农村土地资源向种田大户和龙头企业（公司）、合作社集中，实现农村土地资源的优化配置，引导带动农民由种粮转向种蔬菜。相比之下，F 区的政策指导更具针对性，农户的认知程度也更高。值得注意的是，虽然三地都有明确的农地流转指导意见，但农户的认知度却非常低，做得比较好的 F 区也有 28.2% 的农户认为本地没有农地政策，还有 47.9% 的农户表明没听说过，说明地方政府在政策的宣传和引导方面还存在欠缺。

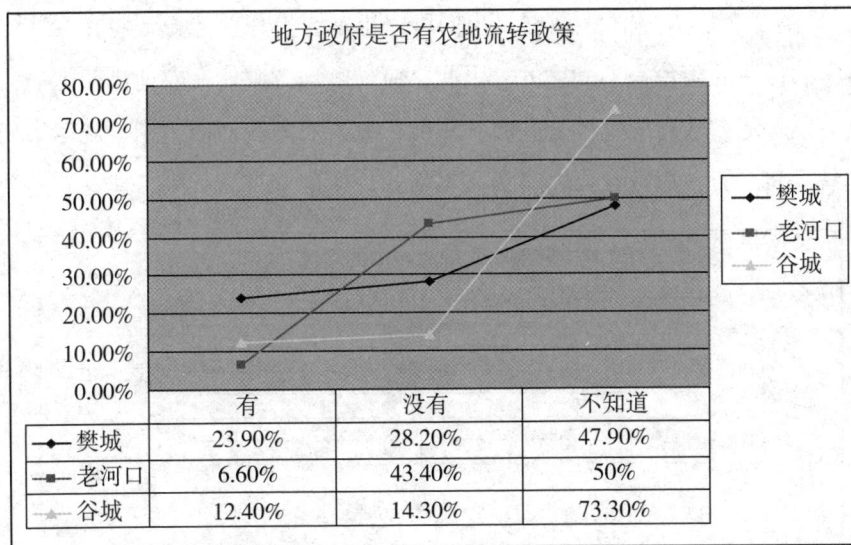

	有	没有	不知道
樊城	23.90%	28.20%	47.90%
老河口	6.60%	43.40%	50%
谷城	12.40%	14.30%	73.30%

图 7-1　地方政府是否有农地流转政策

因此，地方政府应广泛利用电视、网络、广播、报刊等各种媒介向农民宣传农地流转的政策法规，引导农民对农地流转有正确的认识，增强农地流转的自觉性。同时，地方政府也应加强土地管理工作人员的业务培训，并注重培养农业方面的专业人才，深入细致的学习农地流转的政策法规，提高农地流转的实践工作能力。

7.3.2 农地流转的角色扮演

地方政府是农村土地的管理者，它的基本职责是监督土地资源的合理运用、农户土地使用权的流动、土地供需总量的动态平衡，而不是运用行政手段违背农民意愿去进行强制性土地流转，或干预甚至取代农户对土地的使用权。图 7-2 显示，调查地 62.8% 的农户认为地方政府在当地流转中扮演的是旁观者，19.2% 农户认为是领导者，7.7% 的农户认为是联络者，7.1% 的农户认为是行政强制者，认为是谈判者和调停者各占 2.6% 和 0.6%。当我们问及村庄中各群体之间利益关系时，认为农户与地方干部的利益不太一致甚至是完全不一致的农户比例高于认为两者利益是一致的比例，分别为 31.7% 和 21.1%。还有 47.1% 的农户说不清两者之间的关系（详见图 7-3）。从这两组数据，我们可以推断，农户对地方政府在农地流转中的扮演的角色是不满意的。因此，应理顺地方政府在农地流转中的角色关系。地方政府应发挥公共服务职能，完善农地流转的规则，规范市场交易行为、流转规范合同内容和文本格式，明确双方责权利，建立农地流

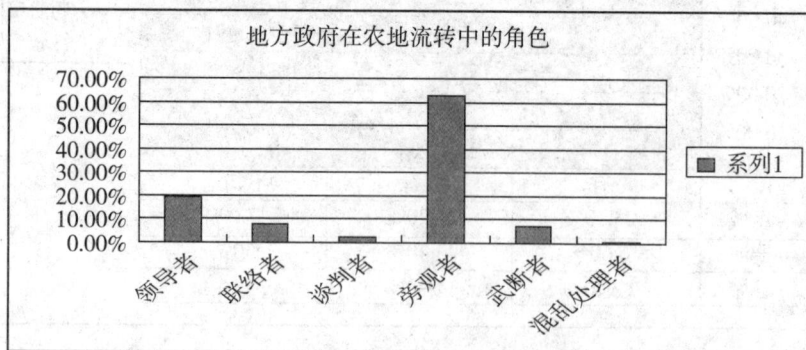

图 7-2　农户对地方政府在农地流转中的角色评价

转登记备案制度，保障农地流转不偏离方向。

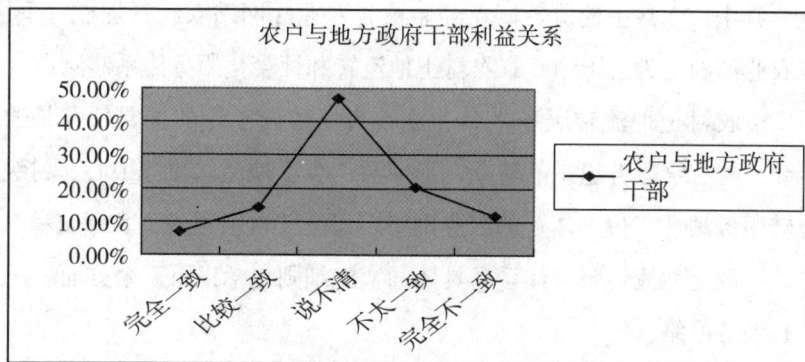

图 7-3　农户与地方政府干部利益关系

7.3.3　农地流转中介组织的培育

农地流转市场是一个具有相当风险且运作程序相对复杂的市场，与其他市场相比，农地流转市场风险性较大。作为交易主体的农户，由于自身素质不高，掌握农地信息有限，对农地市场风险预估不足，在农地市场的交易中权益容易受到损害。而市场中介组织是农村土地市场体系中极其重要的一个组成部分，其最重要的功能是节约土地流转过程中的交易费用，尤其是其中的信息搜寻费用。独立、自律、公正的农地市场中介组织对于维护和规范农地流转秩序具有重要作用（何学余，2003）。

2009 年 6 月，X 市农委经管办要求各县（市、区）在当年至少创办 1 个乡镇农村土地流转市场试点，市农委经管办直接抓 1–2 个试点。2010 年 X 市政府将农村土地流转平台建设工作纳入政府目标考核范围，要求 2010 底全市 30% 的乡镇建立农村土地流转服务中心。据 X 市农委经管办提供的数据，2016 年，X 市成立县级以上流转平台数 9 个，99 个涉农乡镇办有 77 个建立了农地流转服务中心，2499 个村中有 1791 个村建立了村级农地流转服务站，占总村数的 71.7%。通过流转服务组织促成的流转面积达 28738hm^2，占流转总面积的 50%。调查样本地，除了 F 区，其他两地均以建立县级流转平台，三地所辖所有乡镇均已建立乡镇服务中心，村级土地流转服务站除了 F 区尚有少量村庄未建立外，其余两地村庄均已建立。其中，G 县土地流转试点经验被省农业厅网站农经管理栏目采用，并被农业部确定为全国 100 家农村土地流转和社会化服务体系监测点。

X 市农村土地流转服务平台和流转市场建设工作的主要任务是通过县、乡、村三级服务组织的建立，形成县、乡土地流转服务中心、村级土地流转服务站"三位一体"的服务网络，建立"村组服务、乡镇交易、县市监管"的土地流转服务体系。具体的实施细则包括以下三个方面。

1. 服务网络

县级农村土地流转服务中心与县级农村集体资产产权交易中心和农村土地承包纠纷仲裁委员会合署办公。县级农村土地流转服务中心要开设信息网站，宣传土地流转和规模经营的相关政策法规、操作流程和供求信息。乡镇土地流转服务体系，由乡镇土地流转服务中心、村级土地流转服务站及小组土地流转信息员三位一体组成。乡镇以财政所（农经站）为依托建立土地流转服务中心，农村"三资"委托服务中心、农村综合招投标中心合署办公，下设"一室二部"：即办公室、信息部、市场部。工作人员从镇财政所内部调剂，主要由经管站原有职工组成，村级组建土地流转服务站，实行挂牌办公，村主任为站长，村文书（报账会计）具体负责，小组设置土地流转信息员，由包组村干部或村民小组长任信息员。镇对村级服务站工作人员和小组信息员发文予以明确，并造册备案。（详见图 7-4 和 7-5）

2. 服务职责

乡镇服务中心、村服务站、小组信息员在业务上形成层级式的隶属关系。乡镇土地流转服务中心主要职责：协助组织村级大力宣传土地流转政策法规；为农户和经营业主提供咨询和信息服务；规划全镇土地流转工作，引导土地流向优势项目；收集、储备、上报和发布土地流转信息；初审受让方和出让方的准入资格；提供交易场所，为土地流转双方实现交易提供平台；协助调处土地流转引发的合同纠纷；对土地流转资料进行整理归档。村级土地流转服务站主要职责包括：整理、核实、上报村域范围内的土地流转信息；引导有意向的农户进行土地流转；确认流转田块"四至"边界；协助调解土地流转产生的矛盾和纠纷；督促指导流转农户鉴定流转合同；建立流转台账，档案。小组信息员主要负责本小组内土地流转信息采集和核实信息并向村服务站上报信息。

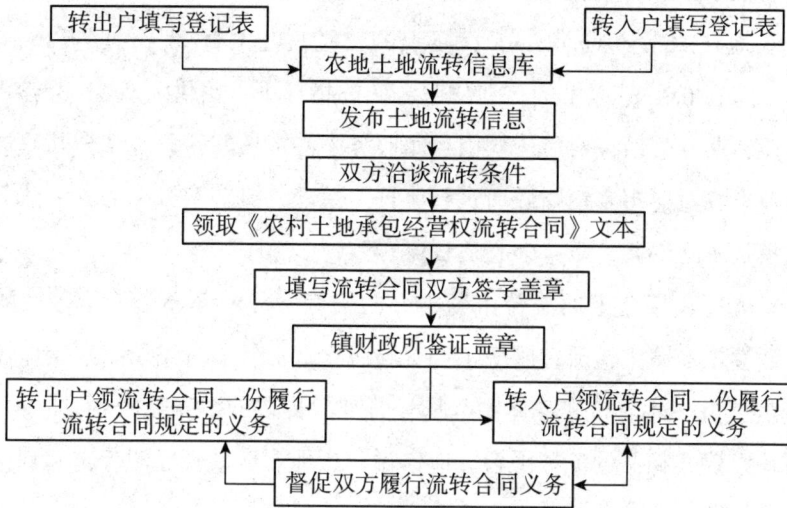

图 7-4　农村土地流转服务中心服务流程图

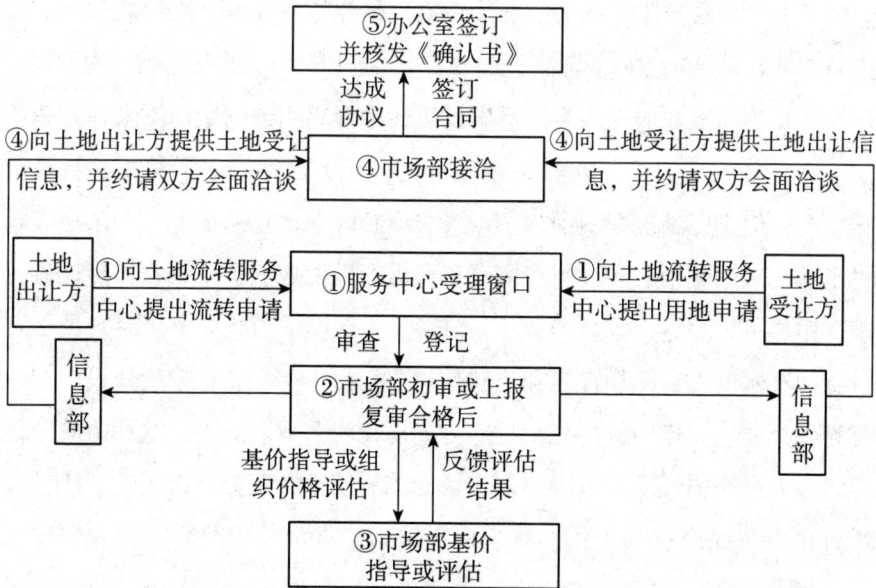

图 7-5　农村土地流转服务中心窗口服务工作程序

3. 服务范围

建立土地流转交易"对口"协商机制，即在农户流出地信息收集、储备、发布之后，对土地流转交易根据面积大小，实行分级对口协商。流转土地在 2hm^2 以上的在镇土地流转服务中心指导下，流转双方进行洽谈；流转土地在 2hm^2 以下 0.7hm^2 亩以上的，经营业主直接与村服务站洽谈；流转土地在 0.7hm^2 以下的，在村服务站的指导下，由供需双方直接洽谈。所有流转业务洽谈完成后，均由乡镇服务中心审核并签订流转合同，根据流转双方的意愿报乡镇财政所进行鉴证。总之，流转双方是协商主体，服务站负责中间协调，服务中心负责流转监管。

X 市近几年在土地流转市场中介的培育上，的确还是下了很大的功夫，建立了乡镇土地流转服务中心、村级土地流转服务站及小组土地流转信息员三位一体流转服务体系，从经管部门提供的数据表明各县、乡镇、村也均以建立相关的流转平台，应该说对当地农地规模经营流转起到很大的推动作用。

但根据对农户调查我们却发现不一样的结果。调查数据显示，在参与流转的 273 户农户中，认为所在乡镇有土地流转中介服务组织的仅 29 户，另有 244 户达 89.37% 参与流转的农户认为没有中介服务组织。有 53.8% 的农户认为当地政府在培育发展农地流转中介组织方面做得不太好。造成这么大反差的原因，一方面 X 市政府在名义上已经成立了相关的县级流转中心，但实际情况是，除 N 县、X 区、F 区外，其他县（市）区县级农村土地流转服务中心建设还没有真正开展。即使成立了乡镇农村土地流转服务中心的，也还没有完全达到"七有"（有牌子、有场所、有人员、有设施、有制度、有交易程序和流转信息公示栏）标准，在设施建设、规范交易程序和建立流转信息公示栏等方面还比较薄弱。此外，这种由政府部门兴办的中介组织活动范围小，市场功能不明显，服务范围仅限于流转政策宣传、土地确权等工作，对当地流转影响有限，因此往往被农户所忽略。另一方面，与 X 市的大部制改革有关。2009 年，X 市机构改革，将市经管局合并至市农委，成为市农委下属的一个办公室。下辖 10 个区县经管局也按照同样的方法进行调整。而乡镇农经管理职能在机构改革中统一划归财政局后，全市没有统一明确各乡镇履行包括土地承包管理在内的农经管理职能的机构和人员，土地承包管理有名无实，有的乡镇有编无人。此外各区县农委经管办机构规格、人员编制和工作经费与承担的工作职责不相适应，工作正常开展较难，导致土地流转管理处于真空状态。

对认为乡镇有土地流转中介服务组织的 29 户农户进行调查，我们发现 83.7% 的农户认为流转中介服务组织在村里土地流转起到一定作用；51.7% 的农户认为中介组织对提供当地农户农业生产规模有明显带动作用；31% 的农户认为中介组织对提供当地农户收入水平有明显带动作用。对于当地中介服务组织存在的问题，29 户农户中有 48.3% 的农户认为服务职能不完善，24.1% 的农户认为中介组织规模太小，对农户带动作用不明显。312 户农户中，有 46.2% 的农户认为土地流转中中介组织非常有必要，在认为土地流转需要中介服务组织的 198 户农户中，有 166 户即 83.8% 的农户认为中介组织应该提供土地流转评估价格；71.7% 的农户认为应指导签订流转协议；72.7% 的农户认为应依法调解流转纠纷；67.7% 的农户认为应收集和发布农地流转信息；41.9% 的农户认为应提供土地保险服务；29.8% 的农户认为应进行土地托管服务。

通过以上数据分析，我们认为农户对土地流转中介服务组织的期望值是非常高的。需要地方政府发挥公共服务功能，加强各种服务平台的建设，指导相应部门和其他中介组织提供信息、技术及法律等方面的服务，解决农地流转中信息不对称问题，促进潜在的交易，扩大土地经营规模。

7.3.4 农地流转市场运行机制的调节

市场的运行机制是市场建立的基础，它是市场微观环境的主要内容。只有具备良好的市场运行机制，农地流转市场才能实现其配置土地资源的功效。

表 7-2　地方政府在农地流转中的表现

项目	非常好	比较好	一般	不太好	非常不好	说不清
稳定农地承包经营权	11.2%	51.6%	14.1%	9%	7.4%	6.7%
收集发布农地流转信息	1.6%	20.5%	13.5%	32.7%	24.4%	7.3%
提供农地流转合同范本	10.6%	17.9%	17.7%	21.8%	18.9%	13.1%
制定农地流转指导价格	7.4%	18.9%	14.4%	26.9%	20.8%	11.5%
对农地流转进行备案	4.8%	15.1%	13.4%	16.7%	9%	41%
农地流转的纠纷调解	7.1%	31.4%	19.9%	17.3%	13.1%	11.2%

从表 7-2 我们可以看出，农户对当地政府在稳定农地承包经营权和对农地流转的纠纷调解方面还是比较满意的。62.8% 的农户认为地方政府稳定农地承包经营权方面做得比较好。稳定农地承包经营权权利体系，这是农地流转的制度基础，也是维护农户农地流转权益的保障。

38.5% 的农户觉得地方政府在农地流转的纠纷调解中做得还可以。据 X 市农委经管办提供的数据，2016 年 X 市受理土地承包及纠纷调处数量为 1073 起，其中土地承包纠纷 887 起，862 起是关于家庭承包纠纷的；土地流转纠纷 178 起，有 148 起是农户之间的。F 区、L 市、G 县 2017 年受理土地承包及纠纷调处数量分别是 42 起、70 起和 102 起，其中分别有 27 起、57 起和 71 起涉及土地承包纠纷；13 起、13 起和 31 起涉及土地流转纠纷。

当地农户对当地政府在农地流转中做的不满意程度依次是收集发布流转信息、制定农地流转指导价格、提供农地流转合同范本和对农地流转进行备案。土地流转价格是土地市场核心，是影响农地需求的重要因素。合理的地价，是实现农村土地市场运行的必然前提，有 47.8% 的农户对地方政府在制定农地流转指导价格方面表示不满意。需要地方政府大力开展农用地分等定级工作，建立科学的土地等级、价格体系。在农地流转规范方面，分别有 57.1%、40.7% 和 25.7% 的农户认为地方政府在发布流转信息、提供合同范本和备案方面做得不好。地方政府部门应营造良好的农地流转政策环境，依法支持、引导、规范农地流转。

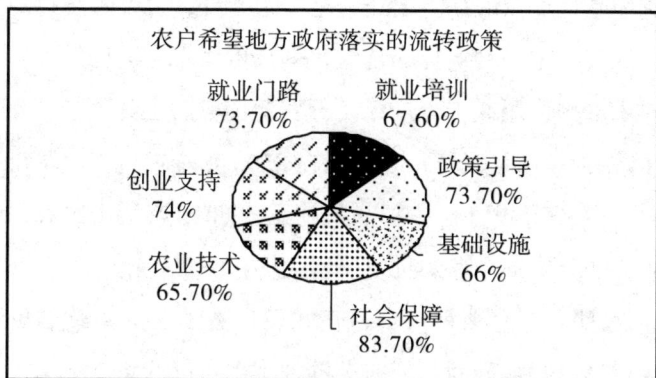

图 7-6 农户希望地方政府落实的流转政策

从图 7-6 可以看出，农户最需要地方政府在农地流转中做好的就是完善农村社会保障体系，占 83.7%。其次是提供创业的政策及资金支持，另有 73.7% 的农户需要地方政府提供稳定的非农就业门路和提供法律支持和政策引导，67.6% 的农户提出政府应提供就业培训，66% 的农户希望政府能完善农业基础设施，还有 65.7% 的农户需要政府提供农业技术。

7.4 案例——L 市 Z 镇万寿菊农地流转

Z 镇位于 L 市区东 20km，地处鄂西岗地的中心腹地，省道孟土路穿境而过，东接河南省孟楼，西连 316 国道、汉十高速公路。Z 镇交通方便快捷，到市区驱车 15 分钟可到达，汉十（福银）高速驱车 30 分钟可到达，离河南省交界处驱车 10 分钟可到达。全镇共辖 23 个行政村，2 个居委会，3.53 万人，全镇版图面积 112 km²，总耕地面积 0.534 万 hm²，其中优质水稻种植面积达 0.2 万 hm²，是鄂西北优质稻生产基地。

2015 年 4 月，Z 镇政府获知 H 丽生堂公司需新上万寿菊种植及菊花叶黄素提取项目，变与市农业局共同前往 H 荆门，通过招商引资的项目方式将万寿菊种植项目引进落户 Z 镇。万寿菊又名"臭菊花、臭芙蓉、万寿灯"等，因其花有臭味，在非洲，常见它垂吊于土著茅屋下以赶走苍蝇，或被种植于番茄、玫瑰与马铃薯之间，以防止长成的花朵遭到小线虫的蚕食。万寿菊花呈瓣形，似菊花，且花色艳丽，常作为室内盆栽或种植于花坛，它还是草坪点缀的主要花卉之一。此外，万寿菊是提取叶黄素的重要原料，叶黄素是一种优异的抗氧化剂，可用于生产保健品、药品、化妆品和饲料添加剂，用途十分广泛。万寿菊价格要视其色素含量而定，色素含量在17‰的万寿菊颗粒每吨价格在8500元左右。在此基础上，色素含量每增加一个千分点，价格提高500元，如果能达到20‰，每吨价格就是10000元。万寿菊小盆栽批发价格大多在2—3元。

2015年6月，万寿菊种植项目正式引进Z镇，由镇政府负责帮助协调成片土地流转。与此同时，万寿菊深加工项目即叶黄素提取及下一步菊花饮料加工项目在L市陈埠科技产业园建设，L市政府按照工业项目在土地税收政策上给予该项目优惠。万寿菊加工项目规划占地19.07hm²，项目分两期建成，一期工程占地10hm²，投资5亿元，建设厂房、四条萃取生产线、办公楼等，发展万寿菊种植基地0.4万hm²。二期占地9.07hm²，投资3~5亿元，主要建设研发中心及其他配套设施。

Z镇把万寿菊种植作为该镇党委政府一号工程来抓，大力实施种植万寿菊富民战略，以打造"万寿菊都镇"为目标，以万寿菊为主的旅游建设，走出一条转型跨越发展的绿色生态之路。2016年，初步规划种植1万亩万寿菊，实际种植400hm²，涉及该镇12村47个村民小组。为提高村民种植积极性，Z镇通过"公司＋基地＋合作社＋农户"的模式运作，按照"统一经营、统一规划、统一生产、统一管理、统一种植、统一技术培训、统一销售"的方式组织生产，形成了完整的菊花产业链。种植万寿菊用地由镇政府统一安排进行流转，要求12个村采取反租倒包的形式，由每村明确1名负责人专项负责本村的土地流转，每亩流转期限一般一年，租金0.9万元/hm²。万寿菊的种子、施肥农药与技术指导由H千丽生物科技股份有限公司（2016年2月在L注册建厂）统一负责。农户只负责种植，收获的鲜花以0.2元保护价收购由公司统一回收，公司务工的员工都是返聘农民，每天工钱按工作量支出费用，大概每人每天在50元。

2016年，经过在Z镇试种400hm²结果显示：鲜花产量比市场对比品种提高 56% 以上，叶黄素含量比市场对比品种提高 69% 以上。Z 镇的自然条件适宜万寿菊产业发展，该镇有 4 万余亩的种植潜力。在该镇种植万寿菊和在农产品工业园建设万寿菊深加工生产线，可以实现农产品的就地转化和加工增值。2016 年，L 市万寿菊的种植面积进一步扩大，不仅在 Z 镇，周边的 J 镇和 H 两个乡镇的部分村组也种上了万寿菊，规模总计达 1333hm^2。

2017 年初 L 市计划在原有基础上流转土地达到 4000hm^2，用于建设以万寿菊为主体的生态旅游休闲观光带——千菊园。规划项目建成后，可年产叶黄素 2000 吨（以及叶黄素的皂化、提纯、复合）等高端产品，实现年产值 21 亿元，逐步形成产、供、销以及生态旅游、休闲观光于一体的主体发展模式，将 L 市打造成为中国乃至世界万寿菊种植最大的基地和加工名片。

但据我们在当地相关部门获得的信息，千丽生物科技有限公司在科技产业园的深加工项目投资出现了问题，融资跟不上，项目建设基本停止，现万寿菊种植面积也减少至 133hm^2 左右。

从该案例我们可以看出，Z 镇出于上级政府和地方经济发展的双重需求，与市农业局（代表市级政府）通过招商引资的方式引进了万寿菊项目。从项目的引进、工厂的选址、种植基地的布局、种植规模的打造、农户承包地的反租倒包等基础工作的运筹到"公司＋基地＋合作社＋农户"的模式搭建和"统一经营、统一规划、统一生产、统一管理、统一种植、统一技术培训、统一销售"的方式组织生产，打造"万寿菊都镇"和实施种植万寿菊富民战略的口号，Z 镇政府的确希望通过该项目达到既能实现政绩又能惠民双赢的目的。但最终这种政府主导的流转项目，在市场经济现实的考量下以失败宣告结束。对于政府而言可能只是一次引导失误，但对于那些被动地将上万亩农地拿来作试验田的农户的土地权益而言无疑是很大的伤害。

当前，政府主导型土地流转模式在许多地方的实际运行中已经演变为地方官员强力介入农地流转，越权、越位流转普遍存在，扭曲了农地流转的经济、政治、社会目标，损害了农民的土地权益，这与中央土地流转制度设计初衷目标大相径庭。中央政府作为制度顶层的设计者，应重新对地方政府在土地流转中的作为进行赋权及角色界定，利用宪政力量规避地方官员的流转寻租行为。

7.5 本章小结

农地流转是我国构建服务型政府的主要内容之一，政府行为的优化是实现农地流转快速有序进行的必然途径。现实农地流转中，基于成本收益的"理性选择"可能导致地方政府行为偏离公共利益的目标，产生政府失灵。因此，从制度源头上改变地方政府的效用函数和激励机制，合理界定政府行为边界，寻求市场机制与政府调控的最佳结合点，使地方政府干预纠正市场的同时，避免和克服政府失灵，从"经济人"回归到公共利益代表者，从而实现公平与效率的统一。

8 农地流转中农户、村委会和政府相互关系分析

农地流转过程中涉及的利益相关者范围非常广泛，主要有中央及地方政府、村委会、企业、农户。进行利益相关者分析有助于我们进一步分析利益相关者间的行为博弈关系，而通过博弈关系分析可以进一步明确各利益相关者的责任、权利和义务，促进他们在农地流转中有效合作，以实现流转的目标。本章考虑的农村土地流转中的博弈主体包括地方政府、村委会及农户。中央政府在制度变迁中处于特殊地位，主要考虑国家战略和党的执政目标，从农业发展和国民经济的整体目标来考虑制度变迁的方向和路径，并以强大的权力资源为保障。在农村土地流转的制度变迁中，中央政府的目标为：保证耕地数量、促进耕地规模经营、实现土地资源的优化配置（吴杰华、吴杰宇，2009）。在土地流转中流入承包地的大户或企业，以及建设用地流转中的用地企业是市场主体。此外，集体经济组织是纯粹的经济主体，其行为也是一种市场行为，在此处不做深入讨论。

8.1 农地流转中农户、村委会和政府行为差异分析

8.1.1 农户、村委会和政府行为特征分析

8.1.1.1 政府行为特征

作为国家意志代表的地方政府，既是中央政府利益在地方上的延伸，又要兼顾地方经济与政治利益。首先，地方政府只能在现行法律和政策框

架内进行改革，服从中央政府是一种政治需要。一方面，中央政府对地方主要官员的人事任免权制度使地方政府对中央政府的依附性长期存在（周黎安，2004）。另一方面，在与中央政府博弈的过程中，地方政府虽然拥有更多的现场决策权力，但是主动权却始终掌握在中央政府手中，为了取得中央政府的政治信任，地方政府的所有决策都被要求遵守中央政府的大政方针政策，否则会产生可置信的经济与政治惩罚成本（刘承礼，2009）。其次，分权改革后，地方政府在财政压力和利益驱动下致力于发展地方经济、增强地方财力，为此地方政府具有强大的制度变迁的激励。1994 年的财政分权改革一方面带来了地方的财政压力，同时也极大调动了地方政府发展经济的积极性，使地方政府逐步成为相对独立的利益主体，地方政府有着有别于中央政府的政府目标（钱颖一，2003）。在这种体制框架下，地方政府拥有很大的财政收入自主权，在体制外发展经济、在制度边际上进行制度创新。在财政压力和利益驱动下，地方政府以非常规的方式形成了制度变迁的"第一行动集团"（杨瑞龙，1998），地方政府不仅具有制度变迁的激励，往往容忍甚至鼓励对某些规则的破坏。

地方政府一方面有应对来自中央政府的政治压力，完成上级制定的考核指标。另一方面也有发展地方经济、提高地方财政收入的压力和动力，导致地方政府在行为上选择性的执行中央政策。对于地方政府而言，在农村集体承包地和建设用地的流转上，受不同的动机和利益驱使。

1. 地方政府具有土地非农化的利益冲动。从土地资源配置的角度看，作为地方利益的代表，地方政府需要维护当地经济发展，增强地方财政实力。由于土地非农用与农用相比具有更高的报酬率，地方政府要实现财政收入和经济产值的迅速扩张，就必须将土地资源配置给边际报酬率比较高的非农部门和产业（钱忠好，2003）。从土地非农化的利益分配角度看，现有征地制度使地方政府借助权力以较低的成本征地，而返以较高价格出让土地。数额可观的土地出让金收益成为地方政府重要的财政收入来源，也使地方政府进一步加强对土地非农化的导向。为了避免因土地过度非农化而影响国家粮食安全，中央政府提出 1.2 亿 hm^2 耕地红线，土地非农化的空间受到了刚性约束。

2. 地方政府有促进农地流转的政治利益冲动。在以农户为主体的承包地流转中，地方政府不能分享流转收益，但在中央鼓励承包地土地流转，促进农业的规模经营，推动农业现代化的导向下，地方政府有促进承包地流转的政治利益驱动。在这种政治驱动下，地方政府为了打造大力促进土地规模经营的政绩，可能会打着促进规模经营旗号，以行政力量强制流转农户的承包地。

3. 地方政府的经济主体身份与制度安排提供者身份相结合，容易导致地方政策的"与民争利"倾向。制度是利益分配的有力保障。政府利用享有制度设计的权力占领了博弈的主动权。政府扮演着双重角色，很容易导致地方政府以公权谋取经济利益的现象出现（邹卫中，2005）。地方政府以公谋私的手段是各种地方政策和各种所谓的制度创新。

地方政府的行为动机是政绩和升迁压力，来自上级和民众的政治风险是其面临的约束，地方政府领导的得益包括晋升、声誉等，策略手段包括制造政绩，如试点改革、形象工程，完成硬指标任务等，对村委会施加影响，通过村委会控制民众情绪，保证一方社会稳定。

8.1.1.2　村委会行为特征

村干部本是农民中的一员，却成了游离于农民之外、处于农户和乡镇干部之间的独立而又矛盾的利益群体（唐晓腾、舒小爱，1999）。正是这种身份的含糊性导致了村干部行为选择上的博弈。

1. 作为农户，村委会干部利益取向应与农户一致。按照我国现行法律，村委会本不应成为博弈主体。村委会作为村民自治组织，是一个执行机构，向村民会议负责并报告工作，接受所在乡镇政府的指导、支持和帮助，协助乡镇政府开展工作。村委会并没有经济决策权，在农村土地流转中本不应成为博弈主体。根据《中华人民共和国村民委员会组织法》第二条，村民委员会是村民自我管理、自我教育、自我服务的基层群众性自治组织，实行民主选举、民主决策、民主管理、民主监督。村民委员会办理本村的公共事务和公益事业，调解民间纠纷，协助维护社会治安，向人民政府反映村民的意见、要求和提出建议。第四条规定，乡、民族乡、镇的人民政府对村民委员会的工作给予指导、支持和帮助，但是不得干预依法属于村民自治范围内的事项。村民委员会协助乡、民族乡、镇的人民政府开展工作。同时，该法第十八条规定，村民委员会向村民会议负责并报告工作。村民会议每年审议村民委员会的工作报告，并评议村民委员会成员的工作。同时考虑到村级经济组织主体的缺位，现行法律规定村委会可以代替村各级集体经济组织行使承包地发包、宅基地分配、村集体资产管理等权利，并且涉及村民利益的重大事项须由村民会议决定。也就是说，即使是在村级经济组织主体的缺位的情况下，重大经济决策权在村民会议，而非村委会干部。

2. 在经济利益驱动下，村委会与农户的权益取向发生偏离。现阶段，村委会干部一般直接从乡镇财政获得补贴收入，当地方政府与农民权益发生冲突时，村委会可能会因利益驱动选择与地方政府保持一致的态度。现有的制度安排对农村集体资产的使用和分配监督机制不健全，使村委会有运作的空间以低成本违规获取集体经济利益。作为一种监督机制，村民会议肩负着监督村委会职能的责任，然而农村集体经济组织实体的虚化，在村委会直接管理集体资产的前提下，村民会议失去了对村委会的监督功能。《中华人民共和国村民委员会组织法》虽然对村委会的职能和义务做了规定，但对村委会违法行为没有给予明确的惩罚措施。被长期隔离在村委会的经济决策之外的农户难以与共同拥有的集体资产之间建立紧密直接的利益联系。这些因素直接造成农户和法律对村委会的监督失效。在低违法成本和低风险收益的权衡下，选择违法可能成为村委会干部的利益驱动的选择。在现实中村委会干部侵害农民利益的事例屡见不鲜。如在征地补偿费的分配方面，集体经济组织（此处实际是指村委会）对征地补偿费的分配拥有支配权，往往以管理费、分成、提留等各种借口和名目截留农民应得征地补偿费（李明月、江华，2005）。

3. 村委会的选择存在不确定性，会随着利益权衡选择农户或村集体外的博弈主体。村干部本身也是农户，当作为农户的预期收益大于作为干部非法寻租的预期收益时，村干部选择站在农户一边，反之则站在村民的对立面。正是这种矛盾性决定了村干部的博弈存在不确定性。此外，长期生活在乡村社会的村干部，其行为取向不仅仅源自经济利益，还受到乡村社会传统习俗和道德理念的影响，这些非正式规则增加了村干部博弈的不确定性。在涉及村民利益的事项中，村委会干部将与农户和乡镇政府之间展开博弈。在与农户的博弈中，可以选择违法或遵法，在与乡镇政府等地方政府代表博弈过程中，则是服从或不服从。

8.1.1.2　农户行为特征

在农地流转中，与农户利益直接相关的是承包地和宅基地，承包地的份额源于原生产队所有的土地。在生产队解体后，多数村集体并没有建立新的集体经济组织，在二轮承包中由村委会代替原集体经济组织行使发包权利。此外，村委会也代管了集体经济组织的其他土地。除了承包地和宅基地之外的建设用地，一般都由村委会代管，村民大会往往形同虚设，因此在村集体其他建设用地的流转方面，农户甚至不能作为主体。随着市场化、工业化和城市化的发展，农业产业结构和农户的就业结构也发生了很大变化，传统意义上的农户群体发生了分化，农户不再是一个具有一致利益需求的整体。

1.农户在与政府和村委会接触的过程中往往处于被动地位，缺乏选择权。农户是否参与决策过程及参与程度完全取决于其他参与人的选择。由于缺少一个能反映农民利益的、平衡的政治结构，使得单个农民面对庞大的政府科层化体制时永远是渺小的（肖屹、钱忠好，2005）。

2.在流转过程中，农户利益容易受到行政力量的强制，通常借助非常规渠道表达不满。与农户利益发生冲突的一般是村委会或者地方政府，在行政介入下的土地流转中，如果不同意流转往往会被看作阻碍地方经济发展的行为，决策的实施过程甚至优先于与农户争议的解决。由于地方政府也是利益参与者之一，在司法与地方政府尚不完全独立的情况下，农户利益难以通过法律渠道实现，通常只能借助非常规渠道表达不满，如通过媒体曝光，上访等方式。

3.根据家庭成员的特征决定家庭内部的产业分工。一般中青壮年劳动力和男性劳动力更能获得非农就业机会，因此当非农就业收入远高于农业生产报酬时，非农就业就成为家庭成员的首要选择，而难以获得长期非农就业的家庭成员则负责继续从事家庭农业经营。

4. 农户已经不再是传统意义上的农户。农户指生活于农村的、主要依靠家庭劳动力从事农业生产的、并且家庭拥有剩余控制权的、经济生活和农业关系紧密结合的多功能社会经济组织单位（卜范达、韩喜平，2003）。在我国农村，随着工业化和城市化的发展和农村劳动力的非农转移，农户已经分化成若干种类，不同类型的农户在农地流转中有着不同的利益诉求。

8.1.2 农户、村委会和政府行为目标分析

8.1.2.1 政府行为目标

农村土地资源的稀缺性，决定了地方政府在农地使用权流转过程中介入的必要性与现实性。一是将农地流转作为一项绩效工程来对待，以考核和问责等手段在农村大力开展农地流转活动，增强对中央决策的影响力，地方政府官员也由此获得较高的声誉以及进一步升迁的政治资本。地方政府通过为当地农地流转提供一个公正、安全的制度环境和运作规范，维护流转双方及其他社会成员的正当权益，形成相对公平的期望收益，即能赢得本地民众的政治支持，又可以提高地方政府的合法性。政绩彰显为地方官员带来的晋升机会是地方政府在农地流转市场中的重要预期。二是在地方政府经济收益函数中，农地流转能够在一定程度上有效改善土地资源配置效率，提高土地利用率和农业生产效益，不仅大大增加地方政府的财政收入，还可以使地方政府获得来自上级和中央政府的财政补贴以及因土地流转绩效突出带来的各种表彰。三是当地方政府面临农地流转产生的高收益与中央政府实现全社会公共品的有效配置及福利效用目标最大化发生冲突时，就会依据成本收益分析的结果理性选择执行中央政策，从而造成制度变迁阻滞，导致农地市场资源配置的低效率和社会福利的损失。为了实现农地流转高效率和公平促进这双重目标，需要合理界定地方政府行为边界，从而减少政策的外部效应。

8.1.2.2 村委会行为目标

村民委员会作为农村基层群众性自治组织，其主要职能是执行村民代表会议的决策，实现村庄社会的自我管理、自我教育、自我服务，办理本村的公共事务和公益事业。从村委会行为主体实际运行的过程和效果看，是决定农地制度运行效率的主导性因素之一，在农地流转制度的微观配置上，村委会甚至起着决定性作用。在目前我国农户分散、规模较小，农地流转市场不健全，流转渠道不通畅等现实情况下，农地流转的运行需要村委会的介入和参与，为农业发展提供助力。村委会一方面作为农村集体土地的所有者，有权力也有义务对农村土地流转进行管理，依照相关的法律和政策规定与上级政府土地管理部门一起规范土地流转行为，维护国家权益和农民权益以及推动农村土地的经营效率。另一方面，基于自身的经济利益和社会收益，在权衡两者收益基础上，为获取额外的租金，村委会可能采取反租倒包或其他形式，代表农户与农地需求者谈判，然后在农户不知情的条件下，将实际给付租金扣留部分变成自己的灰色收入。

8.1.2.3 农户行为目标

农户作为农地流转的参与主体，家庭收入水平与来源、农地面积、农地承包期和户主年龄、职业等因素，都会通过农户的各种行为，如决策、投资和风险规避等，对农地的流转产生直接影响。农户参与农地流转的主要目的是不仅仅是获取经济收益。部分农户转入农地的原因是缺乏社会技能，只有通过转入农地获取粮食和经济收益，解决生存保障和就业问题。还有一些思维活跃，具有经营能力的新型农户流入农地是为了适度规模经营，实现农地比较效益的优势化。流出农地的农户不仅可以获取农地租金，还可以腾出精力从事非农经营，从而获取更多的劳动报酬。

8.2 农地流转中农户、村委会和政府相互关系分析

8.2.1 地方政府和农户之间的关系分析

地方政府为推进农地流转有序良性运行，给予政策支持的同时，也有

获取经济、政绩等方面的利益诉求，因此地方政府可能通过干预的形式对农户农地流转行为进行介入。当地方政府对农户干预的预期收益大于不干预时，地方政府会选择"干预"。当农户转出农地获取的租金和其他收入大于耕种农地的收益时，农户会选择"流转"。双方的博弈行为及收益情况可由表 8-1 表示。

表 8-1　地方政府和农户的博弈矩阵

		地方政府	
		干预	不干预
农户	流转	（5，10）	（0，0）
	不流转	（10，-1）	（5，-2）

农户选择流转农地的前提，是农户流转土地得到的租金高于自己耕种所获的收益。如果获得的租金低于耕种收益，但外出从事非农工作的报酬与流转农业的租金相加超过耕种的收益，农民也愿意选择流转农地。这在我们的调查中得到了证实，家庭收入来源与转出行为呈正相关关系，当家庭收入来源主要依靠外出务工或经商收入时，农户更倾向于投入到非农产业，显著度为 0.019。

8.2.2　村委会和农户之间的关系分析

村委会作为农户集体的代表，与农户在根本利益上是一致的，因此在和政府的谈判中能维护农民的权益和为村集体争取更多的土地收益。但村委会作为一个特殊的利益集团，有其自身利益诉求，尤其是村委会干部的个人利益。他们可能基于个人利益，利用比较优势获得较多的土地收益或获取额外的收益。同时，村委会行为也受到地方政府的约束，许多工作需要得到地方政府的批准方可实施，因此在很多时候，他们往往是以地方政府的代言人身份出现的，并没有很好地履行代表村集体行使土地所有权职能。当农户坚决抵制地方政府流转农地时，村委会往往会站到政府立场劝说农户进行流转。

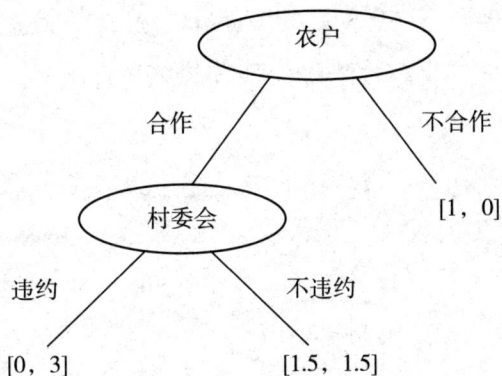

图 8-1   村委会和农户博弈模型分析

图 8-1 说明了农地流转中村委会和农户之间的关系。假设农地流转必须取得农户的同意才能进行，农地流转是为了土地更有效的利用，给社会带来更大的福利。如果农户选择不合作，他只能取得已有的土地收益，由于农地没有规模化经营，成本较大，导致土地的低效率运用。此时的收益为（1，0），村委会没有从中谋利。如果农户选择合作，博弈进入下一步，如果村委会兑现承诺，分给农户应得的利益，此时双方收益为（1.5，1.5）。如果村委会没有兑现承诺，强行占用农户的利益，没有分给农户的应得利益，那么村委会代表的收益为 3，农户受到了损失。如果没有相关法律约束村委会的行为，农户没有任何利益，肯定选择不合作，此时土地利用低效率。

8.2.3   地方政府和村委会的关系分析

随着国家政策的积极导向和农地市场的不断发展，以龙头企业、家庭农场、农民专业合作社、专业大户为代表的农村新型经营主体参与农地流转的比重逐渐增加。新型经营主体的加入对推动农村规模经营，促进现代农业发展起到重要作用。但由于新型主体介入农地流转必须得到农户，尤其是农地所属村庄土地所有权的代表——村委会的大力支持，比如集中连片的土地、较长的农地流转期限，较完备的农田基础设施，只有这样，才能在较短的时间内获取规模效益。为了实现这些目的，一些新型经营主体可能会给予村委会干部一定的好处从而获取他们的支持。村委会基于自身利益的需要，在农户反对的程度和获取收益之间做一个权衡。

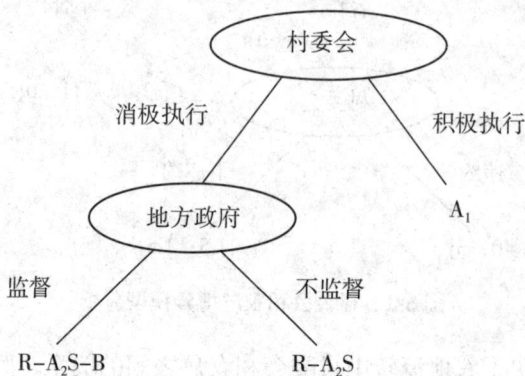

图 8-2　地方政府和村委会博弈模型分析

农地流转中，村委会和地方政府之间的关系是村委会积极执行农地政策，农户的收益得到合法保障，地方政府为当地提供公正、安全的流转环境，形成公平的期望收益，获取农户的政治支持，从而实现地方政府政绩收益，并可能因此获取中央政府的财政补贴而获得经济收益。因此，地方政府为达到自身收益最大化会对村委会参与农地的行为进行监督。村委会的农地流转利益目标为社会性收益最大化和自身经济收益最大化。若积极执行农地政策，可能会获农户支持得到社会收益，若消极执行农地政策，与新型经营主体合作寻租可能获取的经济收益最大化，但会遭到农户的强烈反对。

根据以上假设构建农地流转过程中村委会与地方政府的博弈模型如图8-2。

当村委会积极执行农地政策时，支付水平 U_1，因农户的支持获取的社会效益 A_1，即：

$$U_1 = A_1 \tag{1}$$

当村委会选择与新型经营主体合作消极执行农地流转政策时，若其行为被地方政府监督，则支付水平 U_2 为 R、$-B$，和 $-A_2S$，即

$$U_{21} = R - A_2S - B \tag{2}$$

其中 R 为新型经营主体寻租付给村委会的租金，–B 为地方政府监督村委会消极执行农地政策给予的惩罚，若地方政府对村委会的行为没有监督，则 B 为 0，S 为农户反对造成村委会的损失，A_2 为农户反抗程度。A_2 分布为 [0，1]，农户对村委会支付水平影响为 $-A_2S$。

若地方政府没有对村委会监督，则村委会的支付水平 U2 只有 R 和 $-A_2S$，即：

$$U_{22}=R-A_2S \qquad\qquad （3）$$

由于地方政府对村委会的行为监督获取的信息也不完全，对村委会实施农地流转的监督能力为 β，且 β 的分布为 [0，1]。

当村委会消极执行农地政策时，支付水平 U_2 应为是否被地方政府监督的支付水平即 U_{21}、U_{22} 的期望值：

$$U_2=（1-β）（R-A_2S）+β（R-A_2S-B） \qquad （4）$$

村委会选择积极执行农地政策不与新型经营主体合作的条件是 $U_1>U_2$，即

$$A_1>（1-β）（R-A_2S）+β（R-A_2S-B） \qquad （5）$$

整理得：

$$A_1+A_2S+bB>R \qquad\qquad （6）$$

从博弈模型我们获知，实际农地流转中，村委会将根据自身对社会收益和经济收益的比较利益评估、地方政府的监督惩罚力度和农户发对的程度综合做出判断，是否与新型农业经营主体合作。

8.2.4　地方政府、村委会和农户之间博弈关系

8.2.4.1　地方政府的支付函数假设

地方政府的支付包括农地流转所投入的直接成本、间接成本、社会成本和通过农户流转实现的效益。若农户选择流转，村委会也严格执行地方政府的流转规定，地方政府获取通过农户流转实现的效益——I。若农户选择流转，村委会消极执行地方政府规定，地方政府的这一效益减少 I′，若农户不流转，地方政府效益为 0；地方政府积极进行流转投入的成本用 C 表示，若地方政府消极执行对中央农地政策，流转成本为 0。

8.2.4.2 村委会的支付函数假设

村委会严格执行政府相关流转规定，支付水平为农户的认可 A，当农户选择流转时，村委会还将得到地方政府的认可 A′，此时村委会的政绩收益为 A+A′。若村委选择消极执行地方政府的各项规定，可获得租金 R。当地方政府对流转持积极态度时，则会对村委会的行为进行监督。此时村委会的支付水平为租金 R 和政绩 −（A+B），包括农户的反对 −A 和地方政府对村委会惩罚 −B；当地方政府对流转持消极态度时，村委会的支付水平为租金 R。

8.2.4.3 农户的支付函数假设

农地流转中，农户利益目标是自身收益最大化。若农户选择不流转，收益为 0，假设地方政府和村委会都选择积极配合中央政府的流转政策，农户流转收益为 P，若地方政府消极配合中央政府的农地政策或村委会消极执行，则农民流转的收益分别减少 P_1、P_2，当地方政府和村委会均未对中央政府的农地政策选择积极配合或严格执行时，农民流转的收益减少 P_1+P_2。

8.2.4.4 博弈模型的构建

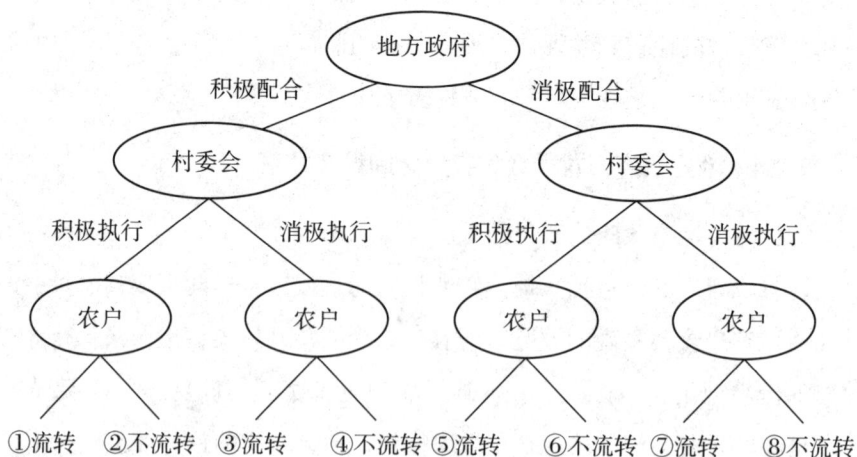

图 8-3 地方政府、村委会和农户博弈模型分析

表 8-2　地方政府、村委会和农户博弈矩阵

局中人博弈矩阵

序号	博弈状态			博弈矩阵
	地方政府	村委会	农户	
①	积极配合	积极执行	流转	$[I-C, A+A', P]$
②	积极配合	积极执行	不流转	$[-C, A, 0]$
③	积极配合	消极执行	流转	$[I-C-I', R-(A+B), P-P_1]$
④	积极配合	消极执行	不流转	$[-C, R-(A+B), 0]$
⑤	消极配合	积极执行	流转	$[I, A+A', P-P_2]$
⑥	消极配合	积极执行	不流转	$[0, A, 0]$
⑦	消极配合	消极执行	流转	$[I-I', R, P-P_1-P_2]$
⑧	消极配合	消极执行	不流转	$[0, R, 0]$

8.2.4.5　博弈结果

当 $A>R$ 或者 $A+A'>R>A$ 时，均衡解 $[I-C, A+A', P]$ 为最优解，即地方政府积极配合中央农地政策，村委会严格执行地方政府各项规定，农户选择流转，此时农户流转收益最大，中央政府提高农地使用效率目标得以实现。为了实现农户流转收益最大化，地方政府应加大对村委会行为的监督，推动村委会积极执行地方政府的农地规定，另一方面应让农户认知到农地流转对实现自身收益的重要性，从而激励农户对村委会农地流转行为进行监督，切实维护自身利益。

8.3　本章小结

农地承包经营权流转制度创新是各利益主体多次重复博弈的结果。农地流转的实施涉及中央政府、地方政府、村委会、农户等主要利益主体。农地流转中，地方政府希望中央能减免农业税收，加大中央财政转移支付，并提高补助标准。村委会追求的是部门利益的最大化。农户追求的是

153

收益的最大化和后续生计的可持续化。在农地流转执行过程中，地方政府积极配合中央的土地政策，村委会严格执行政府各项规定，农户选择流转，农户的收益才会最大，中央政府土地政策目标得以实现。但实际上地方政府和村委会出于自身利益考虑可能会采取有悖于中央政府政策安排的行为。因此，实现长期化、市场化农地流转的关键是正确认识农户、村委会和政府的博弈关系和利益诉求，并从和谐博弈关系的角度进行行为的调适，以达到不同利益者间的共赢多赢，这对于农地流转的持续发展至关重要。

9 研究结论与对策建议

本书通过对 X 市农地流转的实地调查，解析了政府、村委会和农户参与农地流转的行为选择机理，通过对三者行为的特征与目标差异的分析，探讨了各利益主体之间的博弈关系和利益诉求。本章将对前面各章的分析作简要的总结和分析，并基于保障农民土地权利地位的逻辑提出相关的对策和建议。

9.1 研究的主要结论

9.1.1 农地流转中农户、村委会、政府行为理论框架的建构

现实中的农地流转并不是一种纯粹的市场行为，而是蕴含在国家、集体和农民关系之中的。本书认为，如何将农户、村委会和政府在农地流转中的行为有效地结合起来，建立共同的利益驱动机制是推动农地流转的核心问题。鉴于此，本研究利用理论与实证分析工具，对农地流转中农户、村委会和政府行为选择机理进行了解析，并构建了关于农地流转利益相关主体行为研究的理论分析框架。

9.1.2 农地流转中农户行为的研究结论

农户作为理性经济人，其行为总会以较小的风险实现效益的最大化。现实中，农户参与农地流转的行为会受家庭收入水平与来源、农地面积、农地承包期和户主年龄、职业等因素的影响。具体而言，户主的年龄越大，劳动能力不断减弱，转出农地的可能性就会增加。从事非农职业的户

155

主，农地对其社会保障作用已不再重要，倾向于转出农地。当农户从事农业生产获得收入较少甚至亏本时，转入农地的意愿就低。当家庭收入来源主要依靠外出务工或经商收入时，农户转出土地的可能性增加。若农户拥有的农地面积过少，降低农户继续从事农业生产的积极性，农户可能转出农地。农地的承包期越长，农地转出的可能性越大。地方政府在农地流转过程中，若能及时发布流转信息和指导客观公正的流转价格，农户可能会转出土地。

9.1.3 农地流转中村委会行为的研究结论

村民委员会作为农村基层群众性自治组织，其主要职能是执行村民代表会议的决策，实现村庄社会的自我管理、自我教育、自我服务，办理本村的公共事务和公益事业。就农地流转而言，村委会在其中的重要权能主要体现在土地管理权、土地调整权和土地发包权。从村委会行为主体实际运行的过程和效果看，是决定农地制度运行效率的主导性因素之一，在农地流转制度的微观配置上，村委会甚至起着决定性作用。在目前我国农户分散、规模较小，农地流转市场不健全，流转渠道不通畅等现实情况下，农地流转的运行需要村委会的介入和参与，为农业发展提供助力。然而，我国村委会的发展缺少相对公平、有序的发展空间。现行村委会面临准行政职能过度强化、经济职能不明确、干部社会动员能力不足、自治能力不足等问题。如何建立适宜村委会发展的外部环境，使其在农地流转经济活动中发挥应有的作用是值得我们深入思考的问题。

9.1.4 农地流转中政府行为的研究结论

农地流转是我国构建服务型政府的主要内容之一，政府行为的优化是实现农地流转快速有序进行的必然途径。现实农地流转中，基于成本收益的"理性选择"可能导致地方政府行为偏离公共利益的目标，产生政府失灵。因此，从制度源头上改变地方政府的效用函数和激励机制，合理界定政府行为边界，寻求市场机制与政府调控的最佳结合点，使地方政府干预纠正市场的同时，避免和克服政府失灵，从"经济人"回归到公共利益代表者，从而实现公平与效率的统一。

9.1.5　农地流转中农户、村委会与政府相互关系的研究结论

农地流转的实施涉及中央政府、地方政府、村委会、农户等主要利益主体。在市场经济体制下，作为理性经济人的博弈主体，各方会根据不同的利益诉求进行比较并作出行为选择。在农地流转中，中央政府主要目的是为了能够实现农地的规模经营，保障农户的合法权益，增加国家的税收，获取民众对国家政权的支持与拥护；地方政府希望中央能减免农业税收，加大中央财政转移支付，并提高补助标准。村委会追求的是自身社会利益和经济利益的最大化。农户追求的是收益的最大化和后续生计的可持续化。在农地流转过程中，只有地方政府积极配合中央的农地政策，村委会严格执行地方政府各项规定，农户选择流转，农户的收益才会最大，中央政府土地政策目标得以实现。但实际上地方政府和村委会出于自身利益考虑可能会采取有悖于中央政府政策安排的行为。因此，实现长期化、市场化农地流转的关键是正确认识农户、村委会和政府的博弈关系和利益诉求，并从和谐博弈关系的角度进行行为的调适，从而使不同利益主体均等地参与到农地流转，实现利益的共赢多赢，这对于农地流转的持续发展至关重要。

9.2　对策建议

积极破解农村土地流转困局，是将农地流转中农户、村委会和政府的利益彼此协调，形成主体间的合力。基于前面的研究分析，提出相关政策建议：正确厘定角色，建立共同利益驱动机制；重塑职责，培育新型流转利益主体关系；确定地位，实现农民土地权利的制度保障。

9.2.1　正确厘定角色，建立共同利益驱动机制

本书认为，厘定政府引导、村委会协调、农户主导的角色定位是推动农地流转长效发展的关键所在。

9.2.1.1　政府引导

农地市场具有明显的外部性，政府介入是必然的。在当前条件下，政府（特别是地方政府）仍是引导农地流转的主要驱动力。政府在农地流转中的作用是引导、服务和监督。中央政府作为土地政策的制订者，应以农业发展和国民经济为整体目标，在实现保证耕地数量，实现土地资源优化配置的基础上，为稳定农户长期的土地承包权提供系列的政策支持、法律支持、技术指导。作为国家代表的地方政府，是农地流转的参与者与实施者，应根据所在地区的实际情况和农村经济的发展变化，做好顶层设计，为当地的农地流转提供切实有效的服务，进一步监管市场秩序，真正意义上保障农户土地的合法权益。

9.2.1.2　村委会协调

农地流转行为具有自发性、随意性和盲目性等。作为农村基层组织的村委会是国家意志在乡村社会的输出终端，国家的各项农村政策、工作任务必须通过村委会才能落实。应将村委会界定为服务型、协调型组织，将主要职能转化到更好地为民办事和服务上来，成为促进农村土地合理流转，带动整个农村社会经济发展的联络人。

9.2.1.3　农户主导

农户不但是农地流转的投入主体，也是农地流转的受益主体。任何时候农地承包经营权流转的主体都是农户，农地流转需要广大农户的真正参与，坚持以农用为主，以保护农民权益，促进农业增效、农民增收为目标。在推进农地流转过程中，正确处理政府、村委会与农户之间的关系，让农户根据市场需求和生产成本选择农地流转规模，必须防止政府以行政力量人为干预，杜绝集体组织以土地所有者身份强迫农民进行流转。只有实现农户的主导地位，才能显现农地流转规模经营效益。

9.2.2　重塑职责，培育流转利益主体新型关系

9.2.2.1　培育新型农民

党的十六届五中全会提出，要培养"有文化、懂技术、会经营"的

新型农民。2012 年的中央一号文件又提出"大力培养新型职业农民"。具体到农地流转，一是培育农民的主体意识。让农民明确自己在农地流转中真正需要什么，切身利益是什么。充分调动农户的积极性、主动性和创造性，不断提高普通农户对土地流转的市场意识和契约认知，以市场机制为导向，在自愿的基础上决定是否流转、什么时候流转、流转多少、怎样流转，保障他们在农地流转中的知情权、参与权、表达权和监督权。二是加强对农地流转政策法规的宣传工作。应广泛利用电视、网络、广播、报刊等各种媒介向农民宣传农地流转的政策法规，引导农户对农地流转有正确的认识，了解土地承包经营权的具体权利，知道在农地流转中享有的权益，增强农地流转的自觉性。三是在尊重农户主体地位的同时，加大对农户的教育。通过各种技术培训，提高农民科技素质和职业技能，重在引导农户的生产经营技术，造就一批有文化、懂技术、会经营的新型农民，从而减少农民对土地的依赖。

9.2.2.2　重构村委会职责

一是通过市场化方式来组织村民的生产经营活动，把原来承担的具体经营管理集体资产的职能剥离出去，由农村集体经济组织来承担。二是积极发挥村委会中介服务作用。作为连接农户和乡镇政府的纽带，村委会应将村庄农地发展中面临的问题，农户在生产经营中反馈的意见及时与政府部门、农经部门、法院等沟通协商，充当农户与外界市场的有效中介。三是起到公共服务作用。村委会应借助村庄流转服务站平台，将村庄相关农地流转信息、农产品信息等资料及时向外发布，同时将从上级经管部门掌握的农地求租信息、就业岗位信息等及时反馈给农户，从而做好农地双方信息的有效对接。此外，村委会还要强化规范管理，健全规章制度，保证农地流转合理有序进行。

9.2.2.3　打造新型政府

在我国现行治理体制下，需要通过改革决策规则来改善政治，从而使政策方案更合理。一是改革地方政府政绩评价体系。降低以经济增长率和招商引资额等指标在地方政府政绩考核体系中的权重，凸显对地方公共产品和公共服务提供上的重视，比如不以农地流转的规模和数量为依据，而是将农地流转的数量、农民权益的保障以及农民的满意程度作为考核地方政府政绩的有效指标。二是明确农地流转管理主体及其行为。厘清地方政府及相关机构对土地资源管理的权利、责任和义务，政府主要做好农地流转监管工作，农业行政主管部门依法进行农村土地承包及农地流转的管理，各级农业经济管理机构负责具体管理和服务工作。理顺与整合各部门在农地权属管理上的职能，确定各机构行政行为的界限，构建农地上的共同责任体制。三是建立农地流转行政复议机制。上级政府可设立方便农民反映和传递意见的简便渠道，接受农民对地方政府在农地流转中不法行为的行政复议申请、投诉和举报，及时发现和监督地方政府在农地承包经营权流转过程中的不良行政干预，并依法追究直接负责的主管人员的法律责任。通过明确地方政府在农地流转中的职能，将农民的权益和满意度与地方政府的切身利益相关，从而缩小和防止地方政府的目标偏离公众目标。四是建立有效的政府管理体系。政府应结合当地农地流转现状，制定包括明确的政策规定、指导思想、农地交易登记、流转方式、流转资金和年限的确定、价格评估、流转合同的鉴定与纠纷仲裁，以及土地资源的保护、经营用途的管理等操作性强、内容具体的地方管理办法或实施章程，使政府的调控和推动作用法律化、规范化，保障农地流转有序进行。五是规范农地管理监督约束机制。依法设置专门的农村土地流转监管机构，对农地流转过程中政府、村委会的行为进行有效监管，促使地方政府在农地流转依法行政。此外，加强新闻媒体和社会公众对农地流转的监督力度，增强外部监督实效。

9.2.3　确定地位，实现农民土地权利的制度保障

9.2.3.1　完善农村土地产权制度

合理的土地产权制度安排是农地有效流转的基础。目前我国农民土地权利结构模糊不清是导致政府、村委会权力强制的重要原因，因此需要加快产权制度改革，解决农地产权主体虚置。一是明确界定政府、村委会和

农户之间农地产权的权利边界。合理划分政府的管理权限，政府要开展土地确权工作，做好农村土地丈量、确权、登记、颁证。通过法律法规明确农地产权各参与利益主体的权限范围和博弈行为。明确村委会在农地流转中的地位和职责，进一步强化农户承包权，弱化集体所有权，赋予农户更多的财产权利，成为真正的土地主人。二是进一步完善农民土地承包各项权能。在坚持农村土地集体所有制的前提下，将农地承包经营权的各种权利整合。从法律上赋予农民更加完整的土地产权权利，才能形成稳定有序的农地承包权流转市场。三是保持农村土地产权的长期稳定。稳定的产权是维护农民权益的必然条件。保持土地产权的长期稳定可以消除农民的顾虑，鼓励其在农地上放心投入经营，起到提高土地效益的作用。因此，要进一步确立农村土地财产权，重点实行农村土地承包经营权的物权化、长期化。从而最大限度弱化政府和村委会处置村集体土地的权利，保障农民现有土地权利不受侵犯。

9.2.3.2　健全农地流转市场体系

促进土地使用权流转最有效的方式是培育农地使用权市场。首先，大力支持发展多种形式的新型农地流转中介组织。在地方政府指导下，以县乡土地服务部门为依托，培育农地流转中介服务组织。重点鼓励农村大户、普通农户积极创办农民专业合作社或土地股份合作社。引导有资金、懂技术、会经营的乡村人才和返乡创业人员流转农户的土地，形成专业大户和家庭农村与农业产业化的对接。其次，充分发挥价格机制在农地流转中的作用。地方政府应充分考虑不同地域农地的条件，合理确定各类农地的质量、等级，评估公正的农地市场价格，从而真实地反映当地农地的市场价值。第三，培育完善农村土地金融市场。地方政府应完善金融机构支持农地流转的相关政策，建立农村土地金融机构。给予开展农地有关业务的金融机构相应的财政、金融支持，通过财政贴息、税收优惠或进行风险补偿等方式激励金融机构积极为各类农业经营主体发放贷款，鼓励农户组织和参与土地金融信用合作社。与此同时，政府也需要对村镇银行、贷款公司、农村资金互助社等机构的治理及经营行为做出详细规范并监督执行，以保证农村金融市场的良性运行。

9.2.3.3 建立农地流转经营风险制度

农地流转在现实经济生活中会面临自然灾害、政策变动等风险，直接影响农民的收入和生活，因此要对流转风险制度进行分析、评价、推断和预测。首先建立和完善农业保险制度，扩大参保范围和参保面，降低投资者经营风险，提高其履约能力。其次设立农村土地流转风险基金。提倡和支持农业经营者每年交纳适当的保证金，农户在农村土地流转收入中提存适当经费，共同组成农村土地流转的风险基金，专户储蓄，共同管理，并接受政府的监督。合同期满若无违约行为，则退还风险保证金本息。当农业经营者出现亏损时，可动用基金确保农民的收益损失和土地复耕。对引进的业主加强生产经营指导、增强风险意识，帮助解决流转中的实际困难，有效防范和化解流转风险。此外，建立农地流转数据监测机构，利用监测收集的信息，对土地流转风险进行分析、评价，及时发布风险警报，通过政府和业主共同努力，建立完善的风险控制机制。

9.2.3.4 构建完善的外部支持体系

一是加大对农业与农村的投入力度。政府应进一步完善与农地密切关联的农田设施建设，优化规模经营农地的基础设施条件，为农地流转创造良好的外部环境，这些都与农村土地流转有着密切的联系。农民长期以来对土地产生严重的依赖，一个最重要的原因就是农民的收入主要来自农地。给种田大户以项目支持，以保护他们转入土地从事农业规模经营的积极性。鼓励各种新型资本投资建设农业设施，发展特色农业、生态农业和观光农业。二是建立有利于农村劳动力转移的长效机制，引导农民向非农产业转移。加快城市化进程，大力发展城镇二、三产业，支持中小企业和民营企业，它们是吸纳农村剩余劳动力的主体。政府应进一步拓展农村劳动力转移的空间，制定相应的农村劳动力转移规划和目标。同时加快培育新型农业经营主体，不仅在政策上扶持加大对联户经营、专业大户、家庭农场等扶持力度，还应在资金和技术上予以扶持，使之不断壮大并真正地起到示范作用。三是健全新型农村社会养老保险政策体系。政府应结合当地经济社会发展的实际建立健全农村社会保障体系，逐步将农村的社会保障由依靠土地转为依靠制度和体系。推进承包地与个人账户双重保障体制向单纯的个人账户式的社会保障制度转化，弱化土地的社会政治稳定功能，从而推动农地有序有效规模经营。

参考文献

[1] 曹阳, 王春超, 李鲲鹏. 农户、地方政府和中央政府决策中的三重博弈. 产经评论, 2011 (1): 80-88.

[2] 常伟, 李梦. 农地大规模流转中的风险及其防范化解 [J]. 湖南社会科学, 2015 (5): 83-87.

[3] 程虹. 制度变迁的周期: 一个一般理论及其对中国改革的研究 [M]. 人民出版社, 2000: 71.

[4] 陈成文. 论促进农村土地流转的政策选择 [J]. 湖南社会科学, 2012 (2): 92-99.

[5] 陈飞, 翟伟娟. 农户行为视角下农地流转诱因及其福利效应研究 [J]. 经济研究, 2015 (10): 163-177

[6] 陈美球, 邓爱珍, 周丙娟等. 耕地流转中农户行为的影响因素实证研究——基于江西省 42 个县市 64 个乡镇 74 个行政村的抽样调查 [J]. 中国软科学, 2008 (7): 6-13.

[7] 陈诗波. 循环农业主体行为的理论分析与实证研究 [D]: [博士学位论文]. 武汉: 华中农业大学, 2008.

[8] 陈昱, 陈银蓉, 马文博. 基于 Logistic 的水库移民安置区移民土地流转意愿分析 [J]. 资源科学, 2011, 33 (6): 1178-1185.

[9] 陈永志, 黄丽萍. 农村土地使用权流转的动力、条件及路径选择 [J]. 经济学家, 2007 (1): 51-58.

[10] 陈志刚，曲福田.农地产权制度的演变与耕地绩效对转型期中国的实证分析 [J].财经研究，2003（6）：25-30.

[11] 陈丽华.农地承包经营权流转中的地方政府行为 [J].中共中央党校学报，2010（12）：50-53.

[12] 杜文星，黄贤金.区域农户农地流转意愿差异及其驱动力研究 [J].资源科学，2005，27（6）：90-94.

[13] 邓大才.农地交易：政府失灵与市场缺位 [J].国家行政学院学报，2004（1）：7-10.

[14] 邓大才.制度供给与地方政府"搭便车" [J].财经问题研究，2004（8）：10-15.

[15] 丁关良，李军.农村土地承包经营权流转的运行机理和操作规程研究 [J].华中农业大学学报（社会科学版），2004（2）：41-47.

[16] 党国英.中国农村改革与发展模式的转变——中国农村改革30年回顾与展望 [J].社会科学战线，2008（2）：8-24.

[17] 董国礼，李里，任纪萍.产权代理分析下的土地流转模式及经济绩效 [J].社会学研究，2009（1）：25-63.

[18] 戴伟娟.城市化进程中农地流转问题研究—基于制度分析的视角 [D]：[博士学位论文].上海：上海社会科学院，2010.

[19] 郭志勤.基于科层视角的集体林权改革研究 [D]：[博士学位论文].西安：西北农林科技大学，2011.

[20] 管清友，王亚峰.制度、利益与谈判能力：农村土地"流转"的政治经济学 [J].上海经济研究，2003，20（1）：28-33.

[21] 辜胜祖，吴永斌，李睿.当前农地产权与流转制度改革研究 [J].经济与管理，2015（4）：5-9.

[22] 胡洪曙.农地产权制度与农村经济绩效研究 [J].财经论丛，2007（5）：13-18.

[23] 韩玲梅.冲突与协调：转型期农村组织及其关系研究 [M].杭州：浙江大学出版社，2007：125-126.

[24] 衡霞.农地流转中的社会管理体制障碍与创新 [J].云南社会科学, 2012（2）: 118-122.

[25] 洪名勇, 龚丽娟.基于信任的农地流转契约选择研究 [J].江西社会科学, 2015（5）: 218-222.

[26] 黄祖辉, 王朋.农村土地流转: 现状、问题及对策——兼论土地流转对现代农业发展的影响 [J].浙江大学学报（人文社会科学版）, 2008（2）: 38-47.

[27] 林毅夫.制度、技术与农业发展 [M].上海三联书店, 1992: 95.

[28] 郎佩娟.农村土地流转中的深层问题与政府行为 [J].国家行政学院学报, 2010（1）: 28-32.

[29] 李长健, 徐丽峰.村民委员会在土地流转中的职责研究 [J].延边大学学报（社会科学版）, 2009（8）: 112-118.

[30] 李祖伍.我国农地内部流转中政府角色研究 [D]: [硕士学位论文].南京: 河海大学, 2007.

[31] 林乐芬, 顾庆康.农村土地股份合作社发育类型及其绩效评价——基于 215 家农村土地股份合作社的调查 [J].中国土地科学, 2015（12）: 34-41.

[32] 刘宗劲.土地流转的逻辑起点与制度选择 [J].改革, 2009（2）: 67-71.

[33] 刘克春, 池泽新.农业税费减免及粮食补贴、地租与农户农地转入行为——以江西省为例 [J], 农业技术经济, 2008（1）: 79-83.

[34] 刘鸿渊, 陈怡男.农地流转: 组织形态、利益关系及策略行为治理——以反租倒包为例 [J].求索, 2017（11）: 73-80.

[35] 刘莉君.农村土地流转与适度规模经营 [J].求索, 2010（3）: 72-73.

[36] 刘洋.农地流转经济驱动力微观研究 [D]: [博士学位论文].重庆: 西南大学, 2011.

[37] 刘亚丁, 杨秀文.农村土地承包经营权流转中村委会的角色定位

[J].农村经济，2011（3）：40-42.

[38] 刘卫柏，陈柳钦，李中.农村土地流转问题新思索［J］.理论探索，2012（2）：96-99.

[39] 吕新发.中国农地流转问题的多维分析与路径突破［J］.河北学刊，2013（3）：110-114

[40] 罗必良，吴晨.交易效率：农地承包经营权流转的新视角——基于广东个案研究［J］.农业技术经济，2008（2）：12-18.

[41] 罗必良，郑燕丽.农户的行为能力与农地流转［J］.学术研究，2012（7）：64-70.

[42] 罗必良.农地流转的市场逻辑"产权强度－禀赋效应－交易装置"的分析线索及案例研究［J］.南方经济，2014（5）：1-24

[43] 骆东奇，周于翔，姜文.基于农户调查的重庆市农村土地流转研究［J］.中国土地科学，2009，23（5）：47-52.

[44] 卢希望.新一轮农村土地流转中的政府责任［J］.河南社会科学，2012（3）：61-64.

[45] 冯艳芬，董玉祥等.基于农户调查的大城市郊区农地流转特征及影响因素研究［J］.资源科学，2010，32（7）：1379-1386.

[46] 胡亦琴：农村土地市场化进程中的政府规制研究［M］.经济管理出版社，2009.

[47] 倪秋菊，倪星.政府官员的经济人角色及其行为模式分析［J］.武汉大学学报（哲学社会科学版），2004（3）：260-267.

[48] 裴厦，谢高地，章予舒.农地流转中的农民意愿和政府角色［J］.中国.人口.资源与环境，2011，21（6）：55-60.

[49] 钱文荣.浙北传统粮区农户土地流转意愿与行为的实证研究［J］.中国农村经济，2002（7）：64-68.

[50] 钱忠好.中国农村土地制度变迁和创新研究［M］.中国农业出版社，1999：8.

[51] 钱忠好.农地承包经营权市场流转的困境与乡村干部行为：对乡

村干部行为的分析［J］.中国农村观察，2003（2）：23-28.

　　［52］邱道持.论农村土地流转［M］.西南师范大学出版社，2009：129.

　　［53］［美］R·科思，等.财产权利与制度变迁———产权学派和新制度学派译文集［M］.北京：三联书店，1991：6-20.

　　［54］舒尔茨.改造传统农业［M］.商务印书馆，1964：37.

　　［55］尚旭东，常倩，王士权.政府主导农地流转的价格机制及正常效应研究［J］.中国人口资源与环境，2016（8）：116-124.

　　［56］宋辉，钟涨宝.基于农户行为的农地流转实证研究［J］.资源科学，2013，35（5）：943-949.

　　［57］宋辉，钟涨宝.欠发达地区村委会职能在农地流转中的建构［J］.求实，2009（8）：91-94.

　　［58］宋辉，钟涨宝.农地流转地方政府行为选择机理及路径探究［J］.管理现代化，2013（6）：43-45.

　　［59］孙佑海.土地流转制度研究［M］.中国大地出版社，2001.

　　［60］速水佑次郎，Vernon W. Ruttan.农业发展的国际分析［M］.北京：中国社会科学出版社，2000.

　　［61］田传浩，贾生华.农地制度、地权稳定性与农地使用权市场发育：理论与来自苏浙鲁的经验［J］.经济研究，2004（1）：112-119.

　　［62］田春，王文昌.农地流转中政府与农户目标选择的矛盾及其解决对策［J］.山西农业大学学报（社会科学版），2006，5（3）：238-247.

　　［63］田先红，陈玲.农地大规模流转中的风险分担机制研究［J］.中国农业大学学报：社会科学版，2013（4）：40-47.

　　［64］唐文金.农户土地流转意愿与行为研究［M］.北京：中国经济出版社，2008.

　　［65］陶自祥.农地流转、生成机制与青年家庭农场经营［J］.重庆社会科学，2016（6）：84-90.

　　［66］吴杰华.利益博弈与制度变迁：基于制度经济学角度的理论反思

[J].理论月刊，2009（7）：142-145.

　　[67] 王成利.农户农地转出意愿及其影响因素分析 [J].山东社会科学，2016（12）：88-94.

　　[68] 王家庭，张换兆.中国农地管理主体行为与制度绩效研究 [J].汉江论坛，2009（11）：41-45.

　　[69] 王磊.我国农地产权制度变迁的逻辑及动力 [J].吉首大学学报：社会科学版，2016（2）：68-73

　　[70] 王权典，付坚强.新时期农地流转创新模式与市场运行保障机制 [J].华中农业大学学报：社会科学版，2013（5）：46-54.

　　[71] 王祥军.土地承包经营权流转的模式及其法律评价 [J].安徽农业大学学报（社会科学版），2007（5）：53-55.

　　[72] 王月春.农地流转中地方政府行为的法律规制 [J].农业经济，2012（4）：77-79.

　　[73] 吴越.地方政府在农村土地流转中的角色、问题及法律规制 [J].甘肃社会科学，2009（2）：65-70.

　　[74] 卫新，毛小报，王美清.浙江省农户土地规模经营实证分析 [J].中国农村经济，2003（1）：3136.

　　[75] 文华.我国农村土地流转的制度演进、认识基础与现实反思 [J].理论月刊，2010（7）：174-176.

　　[76] 温铁军，王平，石嫣.农村改革中的财产制度变——30 年 3 个村庄的案例介绍 [J].中国农村经济，2008（1）：4-12.

　　[77] 温铁军.土地的社会保障功能与相关制度安排 [M].北京：社会科学文献出版社，2001.

　　[78] 夏玉莲，曾福生.中国农地流转制度对农业可持续发展的影响效应 [J].技术经济，2015（10）：126-132.

　　[79] 谢琳，罗必良.土地所有权认知与流转纠纷——基于村干部的问卷调查 [J].中国农村观察，2013（1）：2-10.

　　[80] 许恒周，郭忠兴.农村土地流转影响因素的理论与实证研究——

基于农民阶层分化与产权偏好的视角 [J].中国.人口·资源与环境，2011（3）：94-98.

[81] 徐旭，蒋文华，应风其.我国农村土地流转的动因分析 [J].管理世界，2002（9）：144-145.

[82] 徐元明.土地流转与农民权益保障机制的创新——江苏省农村土地流转的调查 [J].现代经济探索，2008（1）：34-38.

[83] 许庆，章元.土地调整、地权稳定性与农民长期投资激励 [J].经济研究，2005（10）：59-69.

[84] 杨昭熙，杨钢桥.农地细碎化对农户农地流转决策的影响研究 [J].中国土地科学，2017（4）：33-42.

[85] 杨德才.新制度经济学 [M].南京：南京大学出版社，2007.

[86] 杨成林.交易成本视角下农地流转的机制分析 [J].中州学刊，2014（5）：56-61.

[87] 杨依山，王新军.三个利益主体博弈下的农地产权选择 [J].东岳论丛，2013（8）：140-147.

[88] 杨玉珍.我国农地制度"被建构"与"被执行"的冲突——以土地承包经营权流转为例 [J].南京农业大学学报：社会科学版，2016（6）：77-88.

[89] 俞露.我国房地产市场中地方政府行为的经济学分析 [J].东南大学学报（哲学社会科学版），2009（3）：17-23.

[90] 俞海，黄季馄，Scott Rozelle 等.地权稳定性、土地流转与农地资源持续利用 [J].经济研究，2003，（9）：82-95.

[91] 姚洋.作为制度创新过程的经济改革 [M].格致出版社，2008.

[92] 姚洋.中国农地制度一个分析框架 [J].中国社会科学，2000（2）：54-65.

[93] 岳意定，刘莉君.基于网络层次分析法的农村土地流转经济绩效评价 [J].中国农村经济，2010（8）：36-47.

[94] 乐章.农民土地流转意愿及解释——基于十省份千户农民调查数

据的实证分析 [J].农业经济问题，2010，31（2）：64-70.

[95] 叶剑平，蒋妍，丰雷.中国农村土地流转市场的调查研究——基于 2005 年 17 省调查的分析和建议 [J].中国农村观察，2006（4）：48-55.

[96] 叶剑平，普罗斯特曼等.中国农村土地农户 30 年使用权调查研究 [J].管理世界 2000（2）：56-65.

[97] 于传岗.政府主导型农地流转模式特征与演化趋势 [J].商业研究，2012（12）：186-192.

[98] 曾红萍.地方政府行为与农地集中流转——兼论资本下乡的后果 [J].北京社会科学，2015（3）：22-29.

[99] 赵宁，邱力生.中国农村土地制度主体化改革探索 [J].现代经济探讨，2012（1）：88-92.

[100] 赵立新，梁瑞敏.中国农村土地流转的信托路径及其法律问题 [J].河北学刊，2014（3）：132-136.

[101] 张丁，万蕾.农户土地承包经营权流转的影响因素分析——基于 2004 年的 15 省（区）调查 [J].中国农村经济，2007（2）：24-34.

[102] 张建平，赵俊臣，支玲.农户农地转出行为影响因素的实证分析 [J].北京林业大学学报，2012（3）：86-90.

[103] 张红宇.中国农地制度变迁的制度绩效：从实证到理论的分析 [J].中国农村观察，2002（2）：22.

[104] 张静.基层政权—乡村制度诸问题 [M].杭州：浙江人民出版社 2000.

[105] 张兰，冯淑怡，陆华良.农地规模化经营的形成机理：基于农户微观决策视角 [J].江海学刊，2016（5）：67-73.

[106] 张溪，黄少安.交易费用视角下的农地流转模式与契约选择 [J].东岳论丛，2017（7）：118-126.

[107] 张忠明，钱文荣.不同兼业程度下的农户土地流转意愿研究——基于浙江的调查与实证 [J].农业经济问题，2014（3）：19-24.

[108] 张伟，李长健.耦合动力、外部作用与农地流转的优化路径

[J].改革，2015（6）：91–99.

[109] 郑景骥.中国农村土地使用权流转的理论基础与实践方略研究 [M].成都：西南财经大学出版社，2006.

[110] 钟涨宝.农地资源流转过程中的农户行为分析 [D].武汉：华中农业大学，2004：87–93.

[111] 钟涨宝，狄金华.中介组织在土地流转中的地位与作用 [J].农村经济，2005（2）：35–37.

[112] 钟涨宝，汪萍.农地流转过程中的农户行为分析 [J].中国农村观察，2003（6）：55–64.

[113] 钟涨宝，陈小伍等.有限理性与农地流转过程中的农户行为选择 [J].华中科技大学学报（社会科学版），2007（6）：45–50.

[114] 钟甫宁，纪月清.土地产权、非农就业机会与农户农业生产投资 [J].经济研究，2009（12）：43–51.

[115] 钟太洋，黄贤金，孔苹.农地产权与农户土地租赁意愿研究 [J].中国土地科学，2005，19（1）：49–55.

[116] 邹宝玲，罗必良.农地流转的差序格局及其决定——基于农地转出契约特征的考察 [J].财经问题研究，2016（11）：97–105

[117]Anna Burger. Agricultural Development and Land Concentration in A Central European Country：A Case Study of A Hungary[J]. Land Use Policy, 2001, 18：259–268.

[118]Binswanger Hans, Deininger, et al.. Power, Distortions, Revolt, and Reform in Agricultural Land Relations[J]. Handbllk of Development Economics, 1995, 2659–2772.

[119]Brandt L., Ruzelle S. Matthew A.. Local Government Behavior and Property Rights Formation in Rural China[M]. Toronro：University of Toronto, 2002.

[120]BogaertsT., WillianmsonI.P.&FendelE.M.TheRolesofLandAdminietrationintheAeeessionofCentralEuroPeanCountriestotheEuroPeanUnion[J].

LandUsePolicy, 2002, 19（1）: 29-46.

[121]Boucher, S.R., A.Sminl, J.E.Taylor and A.Yunez-Naude.Impacts of Policy Reforms on the Supply of Mexican Labor to US.Farms : New Evidence from Mexico[J].Review of Agricultural Economics, 2007, V01.29, No.1 : 4-16.

[122]Chen Baifeng.The impact of land transfer on peasant stratification-An analysis based on a survey of Jingshan county, Hubei province[J].China Economist, 2009（6）: 94-102.

[123]Carter M. R., Yao Y.. Administrative vs. Market Land Allocation in Rural China[J]. mimeo. 1998.

[124]Dieninger K., Feder G.. Land Institution and Land Markets[M]. World Bank Policy Research Working Paper, 1998.

[125]Elizabeth brabec, Chip Smith. Agricultural Land Fragmentation : the Spatial Effects ofThree Land Protection Strategies in the Eastern United States[J]. Landscape and Urban Planning, 2002, 58 : 255-268.

[126]Flores C. C., Irwin E.G.. Determinants of residential land-use conversion and sprawl atthe rural-urban fringe[J]. American Joural of Agricultural Economics, 2004, 86（4）: 889-904.

[127]Hennessy, T.c.&Tahir Rehman.Assessing the lmpact of the 'Deeoupling' Reform of the Common Agricultural Policy on Irish Farmers off-farm Labor Market Paricipation Decisions[J].Journal of Agricultural Economics, 2008, V01.59, No.1 : 4l-56.

[128]Joshua M. Duke, Eleonora Marisova, Anna Bandlerova, Jana Slovinska, Price Repression in the Slovinska Agricultural Land Market[J].Land Use Policy, 2004（21）: 59-69.

[129]KungJ.K.S.Off-FarmLaborMarketsandtheEmergeneeofLandRentalMar ketinRLlralChina[J].JouralofComParativeEconomics, 2002（30）: 395-414

[130]Planting A. J., Miller D. J.. Agricultural Land Values and the Value of

Right to Future Land Development[J]. Land Economics, 2001, 77 : 56-67.

[131]Ruden, S.T.Property Rights, LandMarket and Investmentin soil Conservation, Paper PrePared for the workshop[J].Economivc Policy Reforms and Sustainable Land Use in LDC : Rent Advances in Quantitative Analysis, 1999, 5（12）: 132-157.

[132]TerryV.D.Scenarios of Central EuroPean Land Fragmentation[J].Land Use Policy, 2003（20）: 149-158

[133]Wang J. R., Gail L., Cramer E.J.. Production Efficiency of Chinese Agriculture Evidence from Rural Household Datas[J]. Agricultural Economics, 1996,（15）: 17-28.

[134]Wegren S. K.. Why Rural Russians Participate in the Land Market : Socioeconomic Factor[J]. Post-Communist Economics, 2003, 15（4）: 483-501.

[135]Zhang Wen-Fang, Makeham Jack..Recent Developments in the Market for Rural LandUse in China[J]. Land Economics, 1992, 68（2）: 139-162.

附 件

问卷编号：____ 调查员姓名：____ 调查时间：____年____月____日
调查地点：____ 县（县级市）____ 乡（镇）_____村

农户土地流转情况调查问卷

尊敬的农民朋友：

您好！我们是《农村土地流转》课题组成员，为了了解在土地流转过程中农户的实际行为选择与真实意愿，我们进行了这项研究。本调查不用填写姓名，答案也没有正确与错误之分。我们将根据《中华人民共和国统计法》的相关规定，对您的答案严格保密。您的回答将代表众多和您一样的农民朋友，对我们的科研，对相关部门的决策将提供帮助，请认真填写。

在每一题的答案中请选择一个打圈（如果没有特别说明，每题都只选一个答案），遇到有的问题请直接在 _____ 中填写。

衷心感谢您的支持和协助！

《农村土地流转》课题组

2017 年 3 月

A. 农户基本情况

A1. 您是否是本村人？

①是　②否

A2. 您家有 _____ 人，其中劳动人口（18—65 岁，不包括在校学生和 65 岁以上实际劳动力人数）_____ 人，在本地从事纯农业生产 _____ 人，主要从事非农生产的共 _____ 人。

A3. 您家劳动力人口基本状况？

	与户主关系	性别	年龄	婚姻	文化程度	职业	是否村干部	身体状况
1	户主							
2								
3								
4								
5								
6								
7								

备注：1. 与户主关系：①配偶　②子女　③媳婿　④孙子女　⑤父母 ⑥祖父母　⑦兄弟姐妹　⑧其他（请注明）_____

2. 性别：①男　②女

3. 婚姻：①未婚　②已婚　③离婚　④丧偶

4. 文化程度：①文盲　②小学　③初中　④高中　⑤中专　⑥大专及以上

5. 职业：①纯农业（种植业、林牧渔业）　②以农为主兼业　③非农为主兼业　④非农业

6. 是否村干部：①是　②否

7. 身体状况：①很健康　②健康　③一般　④较差　⑤差

A4. 您家去年一年人均纯收入？

① 2000 元及以下　② 2001—3000 元　③ 3001—5000 元　④ 5001 元以上

A5. 您家庭收入的主要来源？

①主要依靠农业收入　②主要靠在家从事非农业的经营收入　③主要靠外出务工或经商收入　④其他（请注明）_____

A6. 您的家庭收入在本村属于？

①上层　②中上层　③中层　④中下层　⑤下层

A7. 您家目前经营的承包地状况？

地块编号	土地类型	面积（亩）	种植作物类型	距公路距离（里）	肥力条件	分配依据	初始承包时间	承包期限（年）
1								
2								
3								
4								
5								

备注：1. 土地类型：①水田　②旱地　③林地　④荒地

2. 种植作物类型：①粮食作物　②经济作物　③蔬菜　④花卉 / 苗木

3. 土地肥力条件：①土壤肥沃　②土壤肥力一般　③土壤贫瘠

4. 分配依据：①按人口均分　②按劳力分　③按人劳比例分　④招标（竞争）承包

B. 农户土地流转的行为选择

B1. 自土地承包以来，您家是否转入过耕地？

①是　②否（直接从 B6 开始回答）

B2. 您家土地转入的具体形式、期限及协议形式状况：

年份	编号	面积（亩）	土地类型	土地转入状况								
				转入方式	转让期限（年）	协议形式	转入途径	租金	租金确定	通过组织	转入原因
	1										
	2										
	3										
	4										
	5										

备注：1. 土地类型：①水田 ②旱地 ③林地 ④荒地

2. 转入方式：①代耕 ②转包 ③转让 ④租赁 ⑤入股 ⑥其他（请注明）＿＿＿＿

3. 协议形式：①口头协议 ②书面协议 ③无

4. 转入途径：①自己联系 ②乡亲联系 ③中介机构联系 ④村组织联系 ⑤乡镇组织联系

5. 租金：①稻谷＿＿＿（斤／亩） ②现金＿＿＿（元／亩） ③其他（请注明）＿＿＿＿

6. 租金确定方式：①按照周边地区价格确定 ②农户间协商 ③村委会确定

7. 农地流转通过组织：①村民小组 ②村委会 ③经管站 ④农业服务中心 ⑤镇政府 ⑥县政府 ⑦无，双方私下协商

8. 转入原因：①有劳动力耕种 ②亲戚朋友委托 ③扩大农业经营规模 ④增加收益 ⑤没有外出就业的技术和门路 ⑥其他（请注明）＿＿＿＿（可多选）

B3. 您家转入土地的用途是？

①种植粮食 ②种植经济作物 ③专业养殖 ④其他农业生产（请注明）＿＿＿＿

B4.您家土地转入区域范围：①本组　②本村外组　③本乡外村　④本县外乡　⑤外县

土地转入对象：①家人　②亲戚　③朋友　④村集体　⑤其他（请注明）_____

B5.土地转入后，您的家庭生活水平？

①大大下降　②略有下降　③没有变化　④略有提高　⑤大大提高

B6.自土地承包以来，您家是否转出过耕地？

①是　②否（跳答B10）

B7.您家土地流出的具体形式、期限及协议形式状况：

年份	编号	面积（亩）	土地类型	土地转出状况							
				转出方式	转让期限（年）	协议形式	转出途径	租金	租金确定	通过组织	转出原因
	1										
	2										
	3										
	4										
	5										

备注：1.土地类型：①水田　②旱地　③林地　④荒地

2.转出方式：①代耕　②转包　③转让　④租赁　⑤入股　⑥其他（请注明）_____

3.协议形式：①口头协议　②书面协议　③无

4.转出途径：①自己联系　②乡亲联系　③中介机构联系　④村组织联系　⑤乡镇组织联系

5.租金：①稻谷____（斤/亩）②现金____（元/亩）③其他（请注明）_____

6.租金确定方式：①按照周边地区价格确定　②农户间协商　③村委会确定

7.土地流转通过组织：①村民小组　②村委会　③农经站　④农业服务中心　⑤镇政府　⑥县政府　⑦无，双方私下协商

8.转出原因：①要外出打工　②种地赚钱少　③要外出经商　④种地太辛苦　⑤缺乏劳动力　⑥要在本地从事非农经营　⑦其他（请注明）_____（可多选）

B8.您家土地转出后的主要用途？

①种植粮食　②种植经济作物　③专业养殖　④其他农业生产（请注明）_____

B9.您家土地转出区域范围：①本组　②本村外组　③本乡外村　④本县外乡　⑤外县

土地转出对象：①村集体　②乡镇企业　③个体工商户　④工商私营企业主　⑤养殖、种植业专业户　⑥一般农户　⑦其他（请注明）_____

◎只要发生过流转的，继续回答下列各题（B10—B14）

B10.您家在土地流转过程中是否出现了纠纷？

①是　②否（跳答 B12）

B11.如果选择是，则是如何解决的？

①农户之间的私下协商　②农户和企业协商　③村委会调解　④村民小组长调解　⑤土地仲裁　⑥法院判决　⑦其他（请注明）_____

B12.在土地流转过程中，您觉得自己的权益得到了保护吗？

①是（跳答 B13）　②否（回答 B12a、B12b）

B12a.您的哪些权益受到了损害？（可多选）

①自己无权支配土地　②土地流转价格不合理　③土地流转的安置或补偿金不能及时到位　④土地正常经营受到干扰　⑤其他（请注明）_____

B12b.您觉得自己的权益得不到保护的原因是？（可多选）

①缺乏相应的政策法规　②政策法规执行不力　③政策法规不符合本地的实际情况　④缺乏能真正代表和维护农民土地流转权益的组织　⑤其他（请注明）_____

B13. 在土地流转过程中，您碰到的最大困难是？（可多选）

①找不到流转对象　②流转价格不尽人意　③乡（镇）村组管理干部不支持　④没有合适的流转方式　⑤土地流转制度不完善　⑥合理权益得不到保障　⑦其他（请注明）＿＿＿＿

B14. 下列各级组织在您家的土地流转中起了多大作用？

村委会：①完全没作用　②有一些作用　③作用非常大

中介组织：①完全没作用　②有一些作用　③作用非常大

镇政府：①完全没作用　②有一些作用　③作用非常大

县政府：①完全没作用　②有一些作用　③作用非常大

◎凡未发生土地流转者填答下列各题（B15、B16）

B15. 您愿意转入土地吗？

①愿意　②不愿意（跳答B15c）

B15a. 您愿意转入的原因是？

①有劳动力耕种　②扩大农业经营规模　③增加收益　④没有外出就业的技术和门路　⑤其他（请注明）＿＿＿＿

B15b. 您愿意转入却没有转入土地的原因是？（可多选）

①转入价格太高适　②没有合适的土地　③没有足够的资金　④没有好的生产项目　⑤没有人愿意转出　⑥不知道有谁愿意转出　⑦当地政策不允许　⑧其他（请注明）＿＿＿＿

B15c. 您不愿意转入的原因是？（可多选）

①种地不划算　②缺乏劳动力　③转入价格太高　④没有人愿意转出　⑤不知道有谁愿意转出土地　⑥与别的农户谈判太麻烦　⑦担心转入后，收益得不到保证　⑧其他（请注明）＿＿＿＿

B16. 您是否愿意转出耕地？

①愿意　②不愿意（跳答B16c）

B16a. 您打算转出承包地的原因是？（可多选）

①要外出打工　②种地赚钱少　③要外出经商　④种地太辛苦　⑤缺乏劳动力　⑥要在本地从事非农经营　⑦其他（请注明）＿＿＿＿

B16b. 您愿意转出土地却没有转出土地的原因是？（可多选）

①转出价格太低　②自家土地条件不好　③没有人愿意转入土地　④不知道有谁愿意转入　⑤当地政策不允许　⑥担心转出后难以收回　⑦担心转出后收入得不到保证　⑧其他（请注明）_____

B16c. 您不愿意转出的原因是？（可多选）

①转出价格太低　②没有人愿意转入土地　③不知道有谁愿意转入土地　④担心转出后难以收回　⑤担心转出后收益得不到保障　⑥与别的农户谈判太麻烦　⑦除种地外无其他谋生技能　⑧其他（请注明）_____

C. 农户对土地流转的认知

C1. 您认为目前农村土地的所有权归谁所有？

耕　地　　①国家　②集体　③农民　④不清楚
宅基地　　①国家　②集体　③农民　④不清楚

C2. 对于目前流行的几种土地流转形式，您比较赞成的是哪种形式？

①代耕　②转包　③转让　④租赁　⑤入股　⑥反租倒包　⑦其他（请注明）

C3. 对于土地流转途径，您比较赞成的是以下哪种？

①农户之间的自主流转　②委托村集体流转　③委托专门中介组织流转　④市场化流转　⑤其他（请注明）_____

C4. 您希望土地流转合同的形式如何？

①口头合同　②书面合同　③无所谓

C5. 您认为土地使用权的承包期以多长为合适？

①1-15年　②15-30年　③30年以上　④永久　⑤无所谓

C6. 您了解土地的承包经营权吗？

①了解　②不了解

C7. 以下哪种情况下，您家会放弃土地承包权？（可多选）

①有较高的非农收入　②有稳定的非农就业门路　③给予高额的经济补贴　④享受社会保障　⑤能迁入城镇定居　⑥任何时候都不愿意　⑦其

他（请注明）_____

C8. 当前国家出台了一系列支农惠农政策，如粮食补贴政策，取消农业税收政策

C8.1 按目前的状况，您愿意在土地上进行更多投入吗？

①愿意　②不愿意　③不知道

C8.2 在什么情况下您愿意在单位面积土地上进行更多投入？（可多选）

①土地私有化　②承包经营权长期稳定　③农产品价格大幅上升
④土地规模扩大后　⑤耕作效益更好的农产品后　⑥其他（请注明）____

C9. 您对目前农地价值的看法是？

①基本生活保障　②种地是农民的职业　③农民的命根子　④家庭收入的重要来源　⑤给予归属感与安全感　⑥乡村生活的标志

C10. 您认为今后 30 年内土地是否应该进行调整？

①应该进行调整　②不应该进行调整　③应该进行局部调整　④无所谓

C11. 您如何看待下列问题？

问题	是	否	说不清楚
土地使用权是否应该长期化			
新增人口可以继承农地的使用权			
政府是否有权收回您的承包地			
农户是否应当拥有对种植物的选择权			
农户是否有权转让承包地的使用权			
进城落户的人是否应该交回土地承包权			
去世或外嫁人口的土地是否应该收回			

C12. 您觉得目前土地流转中存在哪些问题？（可多选）

①农民守住土地的观念障碍　②土地流转需求不足　③土地产权管理薄弱　④土地流转信息不足　⑤政府缺乏引导　⑥政府缺乏监管　⑦中介服务组织缺失　⑧土地流转市场不发达　⑨其他（请注明）____

D. 农户对土地流转中各级组织的评价

D1. 您对下列国家的土地流转相关政策法规了解程度？

	非常了解	有所了解	没听说过
《中华人民共和国土地法》			
《中华人民共和国土地承包法》			
《中共中央关于做好农户承包土地使用权流转工作的通知》			

D2. 您主要是通过何种渠道了解到土地流转政策的？

①电视、广播或报纸新闻报道　②地方政府的宣传　③送法下乡活动
④中介组织介绍　⑤亲戚朋友　⑥村干部　⑦其他（请注明）_____

D3. 您所在的地方政府是否有农村土地承包经营权流转的政策？

①有　②没有　③不知道

D4. 您觉得下列关于土地流转的政策法规是否合理，您所在的村做得如何？

	是否合理	执行情况
土地流转必须做到平等协商、自愿、有偿，任何组织和个人不得强迫或者阻碍承包方进行土地承包经营权流转		
土地流转不得改变土地所有权的性质和土地的农业用途		
土地流转的期限不得超过承包期的剩余期限		
土地流转受让方须有农业经营能力		
在同等条件下，本集体经济组织成员享有优先权		
土地流转收益归农户，任何组织和个人不得擅自截留、扣缴		

备注：1. 合理程度：①非常合理　②比较合理　③一般　④不太合理
⑤很不合理

　　2. 执行情况：①很好　②较好　③一般　④不太好　⑤很不好

D5. 您所在的村是否有与土地流转相关的企业？

①有　②没有（跳答 D8）　③不知道

D6. 您觉得企业对提高当地农户的农业生产规模是否有明显带动作用？

①作用很大　②作用较大　③一般　④作用还有待提升　⑤没什么作用

D7. 您觉得企业对提高当地农户的收入水平是否有明显带动作用？

①作用很大　②作用较大　③一般　④作用还有待提升　⑤没什么作用

D8. 您所在的乡镇是否有土地流转中介服务组织？

①有　②没有（跳答 D14）　③不知道

D9. 如果有，属于什么类型的组织？

①村委会成立的组织　②政府成立的土地流转服务中心　③村民自发组织的合作社　④市场运作的农村产权交易所　⑤其他 _____（请注明）

D10. 您觉得流转中介服务组织在村里的土地流转中起了多大作用？

①完全没作用　②有一些作用　③作用非常大

D11. 您觉得中介服务组织对提高当地农户的农业生产规模是否有明显带动作用？

①作用很大　②作用较大　③一般　④作用还有待提升　⑤没什么作用

D12. 您觉得中介服务组织对提高当地农户的收入水平是否有明显带动作用？

①作用很大　②作用较大　③一般　④作用还有待提升　⑤没什么作用

D13. 您感觉当地中介服务组织主要存在的问题是哪些？（可多选）

①政府重视支持不够　②农户参加积极性不搞　③服务职能不完善　④发展资金短缺　⑤规模太小，对农户的带动效果不明显　⑥其他 _____（请注明）

D14. 您对土地流转中介服务组织的态度？

①非常有必要　②有必要　③无所谓　④不需要（跳答 D16）

D15. 您希望土地流转中介服务组织发挥什么作用？（可多选）

①提供土地流转评估价格 ②指导签订流转协议 ③依法调解流转纠纷 ④收集和发布农地流转信息 ⑤提供土地保险服务 ⑥进行土地托管服务 ⑦其他 _____（请注明）

D16. 您认为，对于村里的土地流转中遇到的重大问题决策应该如何进行？

①村委会讨论决定 ②全体讨论后由村委会决定 ③村民代表大会决定 ④全体村民决定

D17. 您所在村庄土地流转中，乡（镇）扮演何种角色 _____，村组织扮演何种角色 _____。

①领导者（指导） ②联络者（信息传递） ③谈判者（合同谈判） ④旁观者（不管事） ⑤武断者（行政强制） ⑥混乱处理者（调停矛盾）

D18. 您所在村庄土地流转中，获益最多的是？

	最多	比较多	说不清	比较少	最少
普通农户					
村级管理者					
乡镇管理者					
土地流转中介服务组织					
私营企业主					

D19. 您所在村庄土地流转中各群体之间的利益关系？

	完全一致	比较一致	说不清	不太一致	完全不一致
农户与农户					
农户与村干部					
农户与乡镇干部					
农户与企业主					
村干部与企业主					
村干部与乡镇管理者					
乡镇管理者与企业主					

D20. 在土地流转过程中，您所在的当地政府在以下方面做得如何？

项目	非常好	比较好	一般	不太好	非常不好	说不清
稳定农地承包经营权						
成立农地流转服务机构						
收集和发布农地流转信息						
提供农地流转合同范本						
制定农地流转指导价格						
对农地流转进行备案						
农地流转的纠纷调解						
培育发展农地流转中介组织						

D21. 您希望政府在土地流转中落实好哪些政策？（多选）

①提供就业培训　②提供法律支持和政策引导　③完善农业基础设施 ④完善农村社会保障体系　⑤提供农业技术　⑥提供创业的政策及资金支持　⑦提供稳定的非农就业门路　⑧其他 _____（请注明）

问卷到此结束，再一次感谢您的支持！

乡镇土地流转服务中心访谈

1.什么时候成立的？属于什么性质的组织机构？组织的设置情况？隶属于什么部门管辖？

2.组织的职能职责是什么？

3.中心的服务内容、运作模式和运作机制是什么？（收集、发布土地流转信息、调解流转中的纠纷？是否涉及土地测量、估价方面内容）

4.自组建以来，共流转农地多少亩？县政府是否统一规范各地农地流转的价格？

5.您认为在哪些方面还可以改进和提高？需要政府如何保证中心的利益？

6.如何协调与村民、村委会与乡镇政府之间的关系？

村级土地流转中介组织访谈（村委会组织或农户自发组建）

1.什么时候成立的？属于什么性质的组织机构？由什么人组成？在工商、民政部门注册了没有？

2.组织的职能职责是什么？

3.组织的服务内容、运作模式和机制是什么？

4.自组建以来，共流转土地多少亩？（转入、转出）

5.您认为在哪些方面还可以改进和提高？需要政府如何保证中介组织的利益？

6.如何协调与村民、村委会与乡镇政府之间的关系？

土地流转大户访谈

1. 个人基本情况：年龄、性别、户籍、文化、以前从事职业

2. 土地取得方式（直接租种、反租倒包、土地入股）、时间、年限、目的（为何进行土地流转）。具体协议？土地流转的定价如何确定？是否通过村委会协商？随着中央政策调整，租金价格是否有所调整？

土地面积 _____ 亩，耕地 _____ 亩、园地 _____ 亩、林地 _____ 亩、荒地 _____ 亩、其他 _____ 亩。

3. 项目经营情况：

资金来源、开发项目、投资回收期、见效时间、年收入、投资总额、产品销售情况、经营土地的效益。

4. 政府对您有哪些帮助？您还希望政府为您提供哪些帮助？

5、经营该土地有什么担心与顾虑？

6、您认为您为当地做出了什么贡献？（技术、资金、示范）

7. 如何协调与村民、村委会与乡镇政府之间的关系？

8. 您认为国家政策方面在哪些方面还可以改进和提高？需要哪些政策可以保证企业的利益？

9. 目前土地流转的模式有转包、转让、入股、互换、抵押、租赁等，您比较赞成哪种方式？为什么？

土地流转涉农企业访谈

1. 企业基本概况：

2. 企业取得土地情况：取得方式（直接租种、反租倒包、土地入股）、时间、年限、目的（为何到农村进行土地流转）。具体协议？土地流转的定价如何确定？是否通过村委会协商？随着中央政策调整，租金价格是否有所调整？

土地面积 _____ 亩，耕地 _____ 亩、园地 _____ 亩、林地 _____ 亩、荒地 _____ 亩、其他 _____ 亩。

3. 企业项目经营情况（投资什么领域）：

资金来源、开发项目、投资回收期、见效时间、年收入、投资总额、产品销售情况、经营土地的效益。

4. 企业雇工情况：工人来源、人数与工资、是否吸纳村民进入企业工作？

5. 当地政府对您有哪些帮助？您还希望政府提供哪些帮助？

6. 经营该土地有什么担心与顾虑？

7. 如何协调与村民、村委会与乡镇政府之间的关系？

8. 您认为国家政策方面在哪些方面还可以改进和提高？需要哪些政策可以保证企业的利益？

9. 参与土地流转后，对当地农户生产规模是否有明显带动作用？对提高当地农户收入水平是否有明显带动作用？对拉动农业增效、农民增收的整体评价？还存在哪些问题？需要当地政府如何做？

村干部访谈

1. 请您谈谈你们村劳动力分布情况（农业／非农产业），村民收入情况？

2. 请您谈谈你们村组第二轮土地承包的情况？（是否已经完成，是否发放了对应的土地承包权证，遇到的主要问题是什么，如何处理的？）

3. 您认为农民承包土地后，是否拥有以下权利（私下进行转让、转包、出租／经村组同意后进行转让、转包、出租／把土地进行抵押／进入土地市场交易／把土地承包经营权折价入股／自己不想种，把土地抛荒／自己不想种，放弃承包经营权／由子女继承土地承包权）

4. 请您谈谈你们村在取消农业税后土地流转方面的总体情况（规模、对象、方式、渠道、租金、障碍、村民的态度等），与以前有什么不同，原因是什么？您对农村土地流转持什么态度？

5. 在土地流转过程中，村委会是否有一些对农户私下流转的管理措施？如果没有，您认为是否应加强这方面的管理，理由是什么？

6. 您所在的村是否有流转大户、流转中介服务组织、涉农企业？村委会是如何协调他们与农户之间的关系？

7. 您认为当前影响农民在土地上进行更多投入的主要因素是什么？在什么情况下您认为农民愿意在单位面积土地上进行更多投入？

8. 请您谈谈你们村组自第二轮土地承包以来，村里土地调整情况？您认为在今后 30 年内是否还会进行土地调整？是否应该进行土地调整？如果应该，那么您认为过多少年进行一次土地调整比较好？为什么？在过去的土地调整过程中，反对的村民多吗？您认为谁有权进行土地调整？